EPIKUR

Briefe · Sprüche Werkfragmente

GRIECHISCH / DEUTSCH

ÜBERSETZT UND
HERAUSGEGEBEN VON
HANS-WOLFGANG KRAUTZ

PHILIPP RECLAM JUN. STUTTGART

Universal-Bibliothek Nr. 9984 [2]

Bibliographisch ergänzte Ausgabe 1985
Satz: C. H. Beck, Nördlingen
Druck und Bindung: Reclam, Ditzingen
Printed in Germany 1985
ISBN 3-15-009984-6

1.

Briefe

1.1.

Ἐπίκουρος Ἡροδότῳ χαίρειν.

35 Τοῖς μὴ δυναμένοις, ὦ Ἡρόδοτε, ἕκαστα τῶν περὶ φύσεως ἀναγεγραμμένων ἡμῖν ἐξακριβοῦν μηδὲ τὰς μείζους τῶν συντεταγμένων βίβλους διαθρεῖν, ἐπιτομὴν τῆς ὅλης πραγματείας εἰς τὸ κατασχεῖν τῶν ὁλοσχερωτάτων δοξῶν τὴν μνήμην ἱκανῶς αὐτοῖς παρεσκεύασα, ἵνα παρ᾽ἑκάστους τῶν καιρῶν ἐν τοῖς κυριωτάτοις βοηθεῖν αὑτοῖς δύνωνται, καθ᾽ὅσον ἂν ἐφάπτωνται τῆς περὶ φύσεως θεωρίας. καὶ τοὺς προβεβηκότας δὲ ἱκανῶς ἐν τῇ τῶν ὅλων ἐπιβλέψει τὸν τύπον τῆς ὅλης πραγματείας τὸν κατεστοιχειωμένον δεῖ μνημονεύειν· τῆς γὰρ ἀθρόας ἐπιβολῆς πυκνὸν δεόμεθα, τῆς δὲ κατὰ μέρος οὐχ ὁμοίως. 36 βαδιστέον μὲν οὖν καὶ ἐπ᾽ ἐκεῖνα συνεχῶς, ἐν ⟨τε⟩ τῇ μνήμῃ τὸ τοσοῦτο ποιητέον, ἀφ᾽ οὗ ἥ τε κυριωτάτη ἐπιβολὴ ἐπὶ τὰ πράγματα ἔσται καὶ δὴ καὶ τὸ κατὰ μέρος ἀκρίβωμα πᾶν ἐξευρήσεται, τῶν ὁλοσχερωτάτων τύπων εὖ περιειλημμένων καὶ μνημονευομένων· ἐπεὶ καὶ τῷ τετελεσιουργημένῳ τοῦτο κυριώτατον τοῦ παντὸς ἀκριβώματος γίνεται, τὸ ταῖς ἐπιβολαῖς ὀξέως δύνασθαι χρῆσθαι ἑκάστων πρὸς ἁπλᾶ στοιχειώματα καὶ φωνὰς ἀναγομένων. οὐ γὰρ οἷόν τε τὸ πύκνωμα τῆς συνεχοῦς τῶν ὅλων περιοδείας εἰδέναι μὴ δυνάμενον διὰ βραχέων φωνῶν ἅπαν ἐμπεριλαβεῖν ἐν αὑτῷ τὸ καὶ κατὰ μέρος ἂν ἐξακριβωθέν. 37 ὅθεν δὴ πᾶσι χρησίμης οὔσης τοῖς ᾠκειωμένοις φυσιολογίᾳ τῆς τοιαύτης ὁδοῦ, παρεγγυῶν τὸ συνεχὲς ἐνέργημα ἐν φυσιολογίᾳ καὶ τοι-

1.1. Brief an Herodot

Epikur wünscht Herodot Glück.

35 Denen, die nicht imstande sind, mein Herodot, all das, was wir zum Thema »Allgesetzlichkeit«[1] aufgezeichnet haben, im einzelnen genau zu erklären, nicht einmal dazu, die größeren der bereits verfaßten Bücher durchzuprüfen, habe ich einen Aufriß des gesamten Systems verfertigt, damit sie die Erinnerung an wenigstens die umfassendsten Lehrsätze[2] zureichend festhalten, um sich bei jeder Bewährungsprobe in den entscheidendsten Gesetzmäßigkeiten[3] selbst so weit helfen zu können, soweit sie sich auf die theoretische Betrachtung der Allgesetzlichkeit einlassen. Gerade solche, die bereits zureichend fortgeschritten sind im Überblick über die allumfassenden Gesetzmäßigkeiten[4], müssen sich das elementar gefaßte Modell[5] des gesamten Systems einprägen. Denn des komplexen Zugriffs[6] bedürfen wir häufig, des ins Einzelne gehenden nicht in gleicher Weise. 36 Man muß also gerade auf jene allumfassenden Gesetzmäßigkeiten beständig zurückgehen ⟨und⟩ sie sich in der Erinnerung bis zu dem Punkt aneignen, von dem aus der entscheidendste Zugriff auf die Gegenstandswelt möglich sein wird: So wird sich dann auch jede genaue Einzelerklärung[7] herausfinden lassen, wenn die umfassendsten Modelle zutreffend erfaßt und eingeprägt sind. Denn gerade für den vollendeten Forscher erweist sich dies als das Entscheidendste jeder genauen Erklärung, die Zugriffe scharfsinnig auswerten zu können, indem alles im einzelnen auf einfache Elementarsätze und Formeln[8] zurückgeführt wird.[9] Denn es ist nicht möglich, das Konzentrat des beständigen Durchgangs durch die allumfassenden Gesetzmäßigkeiten zu beherrschen[10], wenn man nicht fähig ist, mit Hilfe kurzer Formeln all das darin zusammenzufassen, was dann jeweils im einzelnen genau erklärt werden kann. 37 Da nun für alle, die mit Naturforschung[11] vertraut sind, ein derartiges Vorgehen nützlich ist – rufe ich doch auf zur beständigen Tätigkeit in der Naturforschung und finde in einem solchen Leben am ehesten zu heiterer Gelassenheit –, verfaßte ich für dich einen der-

οὕτῳ μάλιστα ἐγγαληνίζων τῷ βίῳ ἐποίησά σοι καὶ τοιαύτην τινὰ ἐπιτομὴν καὶ στοιχείωσιν τῶν ὅλων δοξῶν.

Πρῶτον μὲν οὖν τὰ ὑποτεταγμένα τοῖς φθόγγοις, ὦ Ἡρόδοτε, δεῖ εἰληφέναι, ὅπως ἂν τὰ δοξαζόμενα ἢ ζητούμενα ἢ ἀπορούμενα ἔχωμεν εἰς ταῦτα ἀναγαγόντες ἐπικρίνειν, καὶ μὴ ἄκριτα πάντα ἡμῖν ⟨ἴῃ⟩ εἰς ἄπειρον ἀποδεικνύουσιν ἢ κενοὺς φθόγγους ἔχωμεν· 38 ἀνάγκη γὰρ τὸ πρῶτον ἐννόημα καθ' ἕκαστον φθόγγον βλέπεσθαι καὶ μηθὲν ἀποδείξεως προσδεῖσθαι, εἴπερ ἕξομεν τὸ ζητούμενον ἢ ἀπορούμενον καὶ δοξαζόμενον ἐφ'ὃ ἀνάξομεν. Εἶτα κατὰ τὰς αἰσθήσεις δεῖ πάντα τηρεῖν καὶ ἁπλῶς τὰς παρούσας ἐπιβολὰς εἴτε διανοίας εἴθ'ὅτου δήποτε τῶν κριτηρίων, ὁμοίως δὲ καὶ τὰ ὑπάρχοντα πάθη, ὅπως ἂν καὶ τὸ προσμένον καὶ τὸ ἄδηλον ἔχωμεν οἷς σημειωσόμεθα, ταῦτα δὲ διαλαβόντας συνορᾶν ἤδη περὶ τῶν ἀδήλων. Πρῶτον μὲν ὅτι οὐδὲν γίνεται ἐκ τοῦ μὴ ὄντος· πᾶν γὰρ ἐκ παντὸς ἐγίνετ'ἂν σπερμάτων γε οὐθὲν προσδεόμενον. 39 καὶ εἰ ἐφθείρετο δὲ τὸ ἀφανιζόμενον εἰς τὸ μὴ ὄν, πάντα ἂν ἀπωλώλει τὰ πράγματα, οὐκ ὄντων εἰς ἃ διελύετο. Καὶ μὴν καὶ τὸ πᾶν ἀεὶ τοιοῦτον ἦν οἷον νῦν ἐστι, καὶ ἀεὶ τοιοῦτον ἔσται. οὐθὲν γάρ ἐστιν εἰς ὃ μεταβαλεῖ. παρὰ γὰρ τὸ πᾶν οὐθέν ἐστιν, ὃ ἂν εἰσελθὸν εἰς αὐτὸ τὴν μεταβολὴν ποιήσαιτο.

'Αλλὰ μὴν καὶ τὸ πᾶν ἐστι ⟨σώματα καὶ κενόν⟩. σώματα μὲν γὰρ ὡς ἔστιν, αὐτὴ ἡ αἴσθησις ἐπὶ πάντων μαρτυρεῖ, καθ' ἣν ἀναγκαῖον τὸ ἄδηλον τῷ λογισμῷ τεκμαίρεσθαι, ὥσπερ προεῖπον τὸ πρόσθεν. 40 εἰ ⟨δὲ⟩ μὴ ἦν ὃ κενὸν καὶ χώραν καὶ ἀναφῆ φύσιν ὀνομάζομεν, οὐκ ἂν εἶχε τὰ σώματα ὅπου ἦν

artigen Aufriß und eine Elementarfassung der gesamten Lehrsätze.

Zunächst also: Was den Worten zugrunde liegt, mein Herodot, müssen wir erfaßt haben, um die vermuteten oder untersuchten oder ungeklärten Zusammenhänge darauf zurückführen und hinterher beurteilen zu können; weder soll uns alles unentschieden ins Grenzenlose ⟨davonlaufen,⟩ wenn wir es erläutern, noch wollen wir leere Worte zurückbehalten. **38** Denn es ist notwendig, daß das ursprüngliche Gedankenbild[12] bei einem jeden Wort betrachtet wird und überhaupt keiner Erläuterung bedarf, wenn wir etwas haben wollen, worauf wir den untersuchten oder ungeklärten oder vermuteten Zusammenhang zurückführen können. Sodann: Anhand der Wahrnehmungen muß man alles prüfen und überhaupt anhand der unmittelbaren Zugriffe, sei es des Verstandes, sei es irgendeiner anderen Urteilsinstanz[13], ebenso anhand der gegenwärtigen Reizempfindungen, damit wir Indizien haben, mit denen wir sowohl den mittelbar bestätigungsfähigen als auch den sinnlich unfaßbaren Zusammenhang erschließen können; wenn wir diese Zusammenhänge unterschieden haben, ist es schließlich erforderlich, einen Überblick über die sinnlich unfaßbaren Zusammenhänge zu gewinnen.[14] Zunächst: Nichts entsteht aus dem Nichtseienden. Denn sonst entstünde alles aus allem, da es ja »Samen«[15] überhaupt nicht benötigte. **39** Und wenn das, was entschwindet, ins Nichtseiende zugrunde ginge, wäre bereits die gesamte Gegenstandswelt vernichtet, weil nichts da wäre, wohinein sie sich auflöste. Ferner: Das All war immer so beschaffen, wie es jetzt ist, und wird immer so sein. Denn nichts ist da, wohinein es sich umwandeln kann. Denn neben dem All ist nichts, was in es eintreten und die Umwandlung bewirken könnte.

Sodann: Das All umfaßt ⟨Körper und Leeres.⟩ Denn daß Körper da sind, bezeugt vor aller Augen schon allein die Wahrnehmung, mit deren Hilfe man den sinnlich unfaßbaren Zusammenhang mit dem schlußfolgernden Denken[16] erschließen muß, wie ich vorhin schon sagte. **40** Wäre ⟨aber⟩ nicht da, was wir »Leeres« und »Raum« und »unberührbares Element« nennen, dann

οὐδὲ δι' οὗ ἐκινεῖτο, καθάπερ φαίνεται κινούμενα· παρὰ δὲ ταῦτα οὐθὲν οὐδ' ἐπινοηθῆναι δύναται οὔτε περιληπτῶς οὔτ' ἀναλόγως τοῖς περιληπτοῖς, ὡς καθ' ὅλας φύσεις λαμβανόμενα καὶ μὴ ὡς τὰ τούτων συμπτώματα ἢ συμβεβηκότα λεγόμενα. Καὶ μὴν καὶ τῶν σωμάτων τὰ μέν ἐστι συγκρίσεις τὰ δ' ἐξ ὧν αἱ συγκρίσεις πεποίηνται· 41 ταῦτα δέ ἐστιν ἄτομα καὶ ἀμετάβλητα, εἴπερ μὴ μέλλει πάντα εἰς τὸ μὴ ὂν φθαρήσεσθαι, ἀλλ' ἰσχῦόν τι ὑπομενεῖν ἐν ταῖς διαλύσεσι τῶν συγκρίσεων πλήρη τὴν φύσιν ὄντα καὶ οὐκ ἔχοντα ὅπῃ ἢ ὅπως διαλυθήσεται. ὥστε τὰς ἀρχὰς ἀτόμους ἀναγκαῖον εἶναι σωμάτων φύσεις.

'Αλλὰ μὴν καὶ τὸ πᾶν ἄπειρόν ἐστι· τὸ γὰρ πεπερασμένον ἄκρον ἔχει· τὸ δὲ ἄκρον παρ' ἕτερόν τι θεωρεῖται· ⟨ἀλλὰ μὴν τὸ πᾶν οὐ παρ' ἕτερόν τι θεωρεῖται·⟩ ὥστε οὐκ ἔχον ἄκρον πέρας οὐκ ἔχει· πέρας δὲ οὐκ ἔχον ἄπειρον ἂν εἴη καὶ οὐ πεπερασμένον.

Καὶ μὴν καὶ τῷ πλήθει τῶν σωμάτων ἄπειρόν ἐστι τὸ πᾶν καὶ τῷ μεγέθει τοῦ κενοῦ· 42 εἴ τε γὰρ ἦν τὸ κενὸν ἄπειρον, τὰ δὲ σώματα ὡρισμένα, οὐθαμοῦ ἂν ἔμενε τὰ σώματα, ἀλλ' ἐφέρετο κατὰ τὸ ἄπειρον κενὸν διεσπαρμένα, οὐκ ἔχοντα τὰ ὑπερείδοντα καὶ στέλλοντα κατὰ τὰς ἀνακοπάς· εἴ τε τὸ κενὸν ἦν ὡρισμένον, οὐκ ἂν εἶχε τὰ ἄπειρα σώματα ὅπου ἐνέστη.

Πρός τε τούτοις τὰ ἄτομα τῶν σωμάτων καὶ μεστά, ἐξ ὧν καὶ αἱ συγκρίσεις γίνονται καὶ εἰς ἃ διαλύονται, ἀπερίληπτά ἐστι ταῖς διαφοραῖς τῶν σχημάτων· οὐ γὰρ δυνατὸν γενέσθαι τὰς τοσαύτας διαφορὰς ἐκ τῶν αὐτῶν σχημάτων περιειλημμένων. καὶ καθ' ἑκάστην δὲ σχημάτισιν ἁπλῶς ἄπειροί εἰσιν αἱ ὅμοιαι, ταῖς δὲ διαφοραῖς οὐχ ἁπλῶς ἄπειροι, ἀλλὰ μόνον ἀπερίληπτοι.

hätten die Körper keinen Ort, wo sie sich befänden und worin sie sich bewegten – insofern sie sich doch offensichtlich bewegen. Neben diesen beiden läßt sich nicht einmal etwas ausdenken – weder imaginativ faßbar[17] noch analog dem imaginativ Faßbaren –, weil beide als allumfassende Elemente aufgefaßt und nicht als deren zufällige oder stetige Eigenschaften bezeichnet werden. Ferner: Von den Körpern sind die einen Verbindungen, die anderen solche, aus denen die Verbindungen zusammengesetzt sind.[18] **41** Diese Körper sind unteilbar und unwandelbar – wenn doch nicht alles dazu bestimmt ist, ins Nichtseiende zugrunde zu gehen, sondern etwas ausdauernd beharren soll in den Auflösungen der Verbindungen –, weil sie in ihrer Struktur kompakt und nicht fähig sind, sich irgendwohin oder irgendwie aufzulösen. Daher sind die Prinzipien notwendig unteilbare körperhafte Elemente.
Sodann: Das All ist unbegrenzt. Denn das Begrenzte hat ein räumliches Extrem; ein räumliches Extrem aber wird im Vergleich zu etwas anderem betrachtet; ⟨das All wird aber nicht im Vergleich zu etwas anderem betrachtet;⟩ hat es also kein räumliches Extrem, hat es auch keine Grenze; was aber keine Grenze hat, dürfte wohl unbegrenzt und nicht begrenzt sein. Ferner: An Masse der Körper ist das All unbegrenzt und an Ausdehnung des Leeren. **42** Denn wäre das Leere unbegrenzt,[19] die Masse der Körper aber begrenzt: nirgendwo verharrten dann die Körper, sondern bewegten sich zerstreut in der unbegrenzten Leere, ohne Partikel zu finden, die sie beim Rückprall abstützten und still stellten. Wäre das Leere begrenzt, fänden die zahlenmäßig unbegrenzten Körper keinen Ort, wo sie sich aufhielten.
Zudem sind die unteilbaren und dichten Elemente der Körper, aus denen die Verbindungen entstehen und in die sie sich auflösen, unerfaßbar in den Unterschieden ihrer Gestalten. Denn es ist nicht möglich, daß die so vielfältigen Gestaltunterschiede entstanden sind aus denselben imaginativ erfaßbaren Gestalten. Und für jede Gestaltung sind die ähnlichen Atome überhaupt zahlenmäßig unbegrenzt, in ihren Gestaltunterschieden jedoch nicht überhaupt unbegrenzt, sondern nur unerfaßbar.

43 Κινοῦνταί τε συνεχῶς αἱ ἄτομοι ⟨κατὰ στάθμην, αἱ δὲ κατὰ παρέγκλισιν, αἱ δὲ κατὰ παλμόν. τούτων δὲ αἱ μὲν φέρονται⟩ τὸν αἰῶνα, καὶ αἱ μὲν εἰς μακρὰν ἀπ' ἀλλήλων διιστάμεναι, αἱ δὲ αὐτὸν τὸν παλμὸν ἴσχουσαι, ὅταν τύχωσι τῇ περιπλοκῇ κεκλειμέναι ἢ στεγαζόμεναι παρὰ τῶν πλεκτικῶν. 44 ἥ τε γὰρ τοῦ κενοῦ φύσις ἡ διορίζουσα ἑκάστην αὐτὴν τοῦτο παρασκευάζει, τὴν ὑπέρεισιν οὐχ οἵα τε οὖσα ποιεῖσθαι· ἥ τε στερεότης ἡ ὑπάρχουσα αὐταῖς κατὰ τὴν σύγκρουσιν τὸν ἀποπαλμὸν ποιεῖ, ἐφ' ὁπόσον ἂν ἡ περιπλοκὴ τὴν ἀποκατάστασιν ἐκ τῆς συγκρούσεως διδῷ. ἀρχὴ δὲ τούτων οὐκ ἔστιν, αἰτίων τῶν ἀτόμων οὐσῶν καὶ τοῦ κενοῦ.
45 Ἡ τοσαύτη δὴ φωνὴ τούτων πάντων μνημονευομένων τὸν ἱκανὸν τύπον ὑποβάλλει τῆς τῶν ὄντων φύσεως ἐπινοίας.
Ἀλλὰ μὴν καὶ κόσμοι ἄπειροί εἰσιν, οἵ θ' ὅμοιοι τούτῳ καὶ ἀνόμοιοι. αἵ τε γὰρ ἄτομοι ἄπειροι οὖσαι, ὡς ἄρτι ἀπεδείχθη, φέρονται καὶ πορρώτατω· οὐ γὰρ κατανήλωνται αἱ τοιαῦται ἄτομοι, ἐξ ὧν ἂν γένοιτο κόσμος ἢ ὑφ' ὧν ἂν ποιηθείη, οὔτ' εἰς ἕνα οὔτ' εἰς πεπερασμένους, οὔθ' ὅσοι τοιοῦτοι οὔθ' ὅσοι διάφοροι τούτοις. ὥστε οὐδὲν τὸ ἐμποδοστατῆσόν ἐστι πρὸς τὴν ἀπειρίαν τῶν κόσμων.
46 Καὶ μὴν καὶ τύποι ὁμοιοσχήμονες τοῖς στερεμνίοις εἰσί, λεπτότησιν ἀπέχοντες μακρὰν τῶν φαινομένων. οὔτε γὰρ ἀποστάσεις ἀδυνατοῦσι ἐν τῷ περιέχοντι γίνεσθαι τοιαῦται οὔτ' ἐπιτηδειότητες πρὸς κατεργασίας τῶν κοιλωμάτων καὶ λειοτήτων [γίνεσθαι], οὔτε ἀπόρροιαι τὴν ἑξῆς θέσιν καὶ βάσιν διατηροῦσαι, ἥνπερ καὶ ἐν τοῖς στερεμνίοις εἶχον· τούτους δὲ τοὺς τύπους εἴδωλα προσαγορεύομεν. καὶ μὴν καὶ ἡ διὰ τοῦ κενοῦ φορὰ κατὰ μηδεμίαν ἀπάντησιν τῶν ἀντικο-

43 Es bewegen sich die Atome stetig die Ewigkeit hindurch,[20] und zwar die einen ⟨in senkrechter Bahn, andere in seitlichem Wegdriften, andere in Vibration; von diesen bewegen sich die einen⟩ weit voneinander entfernt, die anderen erhalten ebendiese Vibration, wenn es sich trifft, daß sie in einer Verflechtung zusammengeschlossen sind oder bedeckt werden von denen, die zu verflechten imstande sind. **44** Denn die Eigengesetzlichkeit des Leeren, die jedes einzelne Atom für sich abgrenzt, bringt dies zustande, weil sie nicht fähig ist, einen Stützhalt herzustellen. Die den Atomen eigene Härte bewirkt beim Zusammenstoß den Rückprall, soweit die Verflechtung jeweils die Rückkehr aus dem Zusammenstoß in die frühere Position erlaubt. Einen Ursprung dieser Vorgänge gibt es nicht: Ursachen sind die Atome und das Leere.

45 Eine derartig kurze Formel entwirft, wenn man sich dies alles einprägt, ein zureichendes Modell zum Nachdenken über die Gesetzlichkeit des Seienden.

Sodann: Es gibt zahlenmäßig unbegrenzte Welten, teils ähnlich dieser Welt, teils unähnlich. Denn die Atome, die zahlenmäßig unbegrenzt sind, wie eben dargelegt, bewegen sich sogar in die weiteste Ferne. Denn aufgebraucht sind solche Atome, aus denen eine Welt entstehen oder von denen sie gebildet werden könnte, weder für eine einzige Welt noch für eine begrenzte Zahl, ob sie nun dieser Welt gleichen oder von derartigen Welten verschieden sind. Demnach wird kein Hindernis auftreten können im Hinblick auf die unbegrenzte Zahl der Welten.

46 Ferner: Es gibt den Festkörpern gleichgestaltete Modelle, durch Feinprägungen weit unterschieden von den wahrgenommenen Körpern. Denn weder ist es unmöglich, daß solche Absonderungen am Umkreis der wahrgenommenen Körper entstehen, noch, daß geeignete Bedingungen zur Herstellung der Hohlformen und Feinprägungen auftreten, noch, daß Abflüsse vorkommen, die Position und Anordnung der Atome in der stetigen Abfolge bewahren, die sie auch an den Festkörpern hatten: diese Modelle nennen wir »Sichtbilder«. Ferner: Da ihre Bewegung durch die Leere ohne irgendein Zusammentreffen

ψόντων γινομένη πᾶν μῆκος περιληπτὸν ἐν ἀπερινοήτῳ χρόνῳ συντελεῖ. βράδους γὰρ καὶ τάχους ἀντικοπὴ καὶ οὐκ ἀντικοπὴ ὁμοίωμα λαμβάνει. 47 οὐ μὴν οὐδ' ἅμα κατὰ τοὺς διὰ λόγου θεωρητοὺς χρόνους αὐτὸ τὸ φερόμενον σῶμα ἐπὶ τοὺς πλείους τόπους ἀφικνεῖται – ἀδιανόητον γάρ – καὶ τοῦτο συναφικνούμενον ἐν αἰσθητῷ χρόνῳ ὅθεν δήποθεν τοῦ ἀπείρου οὐκ ἐξ οὗ ἂν περιλάβωμεν τὴν φορὰν τόπου ἔσται ἀφιστάμενον· ἀντικοπῇ γὰρ ὅμοιον ἔσται, κἂν μέχρι τοσούτου τὸ τάχος τῆς φορᾶς μὴ ἀντικόπτον καταλίπωμεν· χρήσιμον δή καὶ τοῦτο κατασχεῖν τὸ στοιχεῖον. εἶθ' ὅτι τὰ εἴδωλα ταῖς λεπτότησιν ἀνυπερβλήτοις κέχρηται οὐθὲν ἀντιμαρτυρεῖ τῶν φαινομένων· ὅθεν καὶ τάχη ἀνυπέρβλητα ἔχει, πάντα πόρον σύμμετρον ἔχοντα πρὸς τὸ τῷ ἀπείρῳ αὐτῶν μηθὲν ἀντικόπτειν ἢ ὀλίγα ἀντικόπτειν πολλαῖς δὲ καὶ ἀπείροις εὐθὺς ἀντικόπτειν τι. 48 πρός τε τούτοις ὅτι ἡ γένεσις τῶν εἰδώλων ἅμα νοήματι συμβαίνει· καὶ γὰρ ῥεῦσις ἀπὸ τῶν σωμάτων τοῦ ἐπιπολῆς συνεχής, οὐκ ἐπίδηλος τῇ μειώσει διὰ τὴν ἀνταναπλήρωσιν, σῴζουσα τὴν ἐπὶ τοῦ στερεμνίου θέσιν καὶ τάξιν τῶν ἀτόμων ἐπὶ πολὺν χρόνον, εἰ καὶ ἐνίοτε συγχεομένη ὑπάρχει, καὶ συστάσεις ἐν τῷ περιέχοντι ὀξεῖαι διὰ τὸ μὴ δεῖν κατὰ βάθος τὸ συμπλήρωμα γίνεσθαι, καὶ ἄλλοι δὲ τρόποι τινὲς γεννητικοὶ τῶν τοιούτων φύσεών εἰσιν. οὐθὲν γὰρ τούτων ἀντιμαρτυρεῖται ταῖς αἰσθήσεσιν, ἂν βλέπῃ τις τίνα τρόπον τὰς ἐναργείας, ⟨τ⟩ίνα καὶ τὰς συμπαθείας ἀπὸ τῶν ἔξωθεν πρὸς ἡμᾶς ἀνοίσει.

49 Δεῖ δὲ καὶ νομίζειν ἐπεισιόντος τινὸς ἀπὸ τῶν ἔξωθεν τὰς

mit etwa aufprallenden Körpern vonstatten geht, vollendet sie jede imaginativ erfaßbare Strecke in einer unausdenkbaren Zeitspanne. Denn Aufprall und Nicht-Aufprall nehmen zu Langsamkeit und Schnelligkeit ein entsprechendes Verhältnis ein. 47 Keineswegs, jedenfalls nicht gemessen an den gedanklich erschließbaren Zeiteinheiten, gelangt auch der bewegte Körper selbst zugleich zu mehreren Stellen – denn es ist undenkbar –, und dieser wird sich nicht, wenn er innerhalb einer sinnlich wahrnehmbaren Zeiteinheit woher auch immer aus dem Grenzenlosen anlangt, im gleichen Moment von der Stelle entfernt haben, von der ausgehend wir gerade seine Bewegung erfassen.[21] Denn einem Aufprall Ähnliches wird es geben, selbst wenn wir bis zu solchem Grade die Schnelligkeit der Bewegung als aufprallfrei dahingestellt sein lassen. Es ist also nützlich, auch diesen Elementarsatz festzuhalten. Weiter: daß die Sichtbilder unüberbietbare Feinprägungen besitzen, dem widerstreitet nichts aus der Erscheinungswelt.[22] Daher haben sie auch unüberbietbare Geschwindigkeiten: jede Bahn finden sie so maßgerecht vor, daß auf ihre grenzenlos feine Textur nichts oder nur wenig aufprallt, während auf ihre vielen oder sogar zahlenmäßig unbegrenzten Atome sogleich etwas aufprallt. 48 Hinzu kommt, daß die Entstehung der Sichtbilder gleichschnell wie ein Gedanke vonstatten geht. Denn es gibt eine stetige Strömung von der Oberfläche der Körper, die wegen des Materieaustauschs nicht am Masseverlust sichtbar wird: Sie bewahrt die am Festkörper vorhandene Position und Ordnung der Atome über lange Zeit hin, wenn sie auch bisweilen verzerrt auftritt.[23] Außerdem gibt es Augenblickskompositionen in der Atmosphäre, weil die Ausfüllung nicht bis zu körperlicher Tiefe vor sich gehen muß, und noch gewisse andere Hervorbringungsarten solcher Elementargebilde. Denn keiner dieser Vorgänge widerstreitet den Sinnen, wenn man beobachtet, auf welche Weise die Wahrnehmung die augenscheinlichen Gewißheiten,[24] ⟨auf welche Weise sie⟩ auch die Reizentsprechungen[25] von den äußeren Gegenständen zu uns überträgt.

49 Notwendig ist es auch anzunehmen, daß wir dann, wenn

μορφὰς ὁρᾶν ἡμᾶς καὶ διανοεῖσθαι· οὐ γὰρ ἂν ἐναποσφραγίσαιτο τὰ ἔξω τὴν ἑαυτῶν φύσιν τοῦ τε χρώματος καὶ τῆς μορφῆς διὰ τοῦ ἀέρος τοῦ μεταξὺ ἡμῶν τε κἀκείνων, οὐδὲ διὰ τῶν ἀκτίνων ἢ ὧν δήποτε ῥευμάτων ἀφ' ἡμῶν πρὸς ἐκεῖνα παραγινομένων, οὕτως ὡς τύπων τινῶν ἐπεισιόντων ἡμῖν ἀπὸ τῶν πραγμάτων ὁμοχρόων τε καὶ ὁμοιομόρφων κατὰ τὸ ἐναρμόττον μέγεθος εἰς τὴν ὄψιν ἢ τὴν διάνοιαν, ὠκέως ταῖς φοραῖς χρωμένων, 50 εἶτα διὰ ταύτην τὴν αἰτίαν τοῦ ἑνὸς καὶ συνεχοῦς τὴν φαντασίαν ἀποδιδόντων καὶ τὴν συμπάθειαν ἀπὸ τοῦ ὑποκειμένου σῳζόντων κατὰ τὸν ἐκεῖθεν σύμμετρον ἐπερεισμὸν ἐκ τῆς κατὰ βάθος ἐν τῷ στερεμνίῳ τῶν ἀτόμων πάλσεως. καὶ ἣν ἂν λάβωμεν φαντασίαν ἐπιβλητικῶς τῇ διανοίᾳ ἢ τοῖς αἰσθητηρίοις εἴτε μορφῆς εἴτε συμβεβηκότων, μορφή ἐστιν αὕτη τοῦ στερεμνίου, γινομένη κατὰ τὸ ἑξῆς πύκνωμα ἢ ἐγκατάλειμμα τοῦ εἰδώλου.

Τὸ δὲ ψεῦδος καὶ τὸ διημαρτημένον ἐν τῷ προσδοξαζομένῳ ἀεί ἐστιν ⟨ἐπὶ τοῦ προσμένοντος⟩ ἐπιμαρτυρηθήσεσθαι ἢ μὴ ἀντιμαρτυρηθήσεσθαι, εἶτ' οὐκ ἐπιμαρτυρουμένου ⟨ἢ ἀντιμαρτυρουμένου⟩. 51 ἥ τε γὰρ ὁμοιότης τῶν φαντασμῶν οἱονεὶ ἐν εἰκόνι λαμβανομένων ἢ κατ' ὕπνους γινομένων ἢ κατ' ἄλλας τινὰς ἐπιβολὰς τῆς διανοίας ἢ τῶν λοιπῶν κριτηρίων οὐκ ἄν ποτε ὑπῆρχε τοῖς οὖσί τε καὶ ἀληθέσι προσαγορευομένοις, εἰ μὴ ἦν τινα καὶ ταῦτα προσβαλλόμενα· τὸ δὲ διημαρτημένον οὐκ ἂν ὑπῆρχεν, εἰ μὴ ἐλαμβάνομεν καὶ ἄλλην τινὰ κίνησιν ἐν ἡμῖν αὐτοῖς συνημμένην μὲν ⟨τῇ φανταστικῇ ἐπιβολῇ⟩, διάληψιν δὲ ἔχουσαν· κατὰ δὲ ταύτην, ἐὰν μὲν μὴ ἐπιμαρτυρηθῇ ἢ ἀντιμαρτυρηθῇ, τὸ ψεῦδος γίνεται· ἐὰν δὲ ἐπιμαρτυρηθῇ ἢ μὴ ἀντιμαρτυρηθῇ, τὸ ἀληθές. 52 καὶ ταύτην οὖν σφό-

etwas von den äußeren Gegenständen in uns eindringt, die Formen sehen und denken. Denn nicht einsiegeln könnten die äußeren Gegenstände ihre eigene Struktur und die ihrer Farbe und Form mit Hilfe der Luft zwischen uns und ihnen, auch nicht mit Hilfe der Strahlen oder wie immer gearteter Ströme, die von uns zu ihnen kommen.[26] Jedenfalls können sie es nicht so deutlich, wie es geschieht, wenn bestimmte Modelle von den Gegenständen aus in uns eindringen – ihnen gleich an Farbe und Form entsprechend der Größe, die in den Gesichtssinn oder den Verstand hineinpaßt – und dabei hohe Geschwindigkeiten einhalten; **50** wenn sie ferner wegen ebendieser Ursache die Anschauung des einheitlichen und geschlossenen Gegenstandes wiedergeben und die Reizentsprechung vom zugrundeliegenden Gegenstand her dadurch bewahren, daß sie den von dort stammenden maßgerechten Prägedruck aus der im Tiefenbereich des Festkörpers auftretenden Vibration der Atome übermitteln. Und welche Anschauung wir auch immer durch einen Zugriff des Verstandes oder der Sinnesorgane gewinnen, sei es von einer Form, sei es von stetigen Eigenschaften: dies *ist* die Form des Festkörpers, und sie entsteht durch die sukzessive Konzentration oder den zurückgelassenen Eindruck des Sichtbildes.

Täuschung und Irrtum aber liegen immer in dem Hinzuvermuteten ⟨bezüglich dessen, was darauf wartet,⟩ bestätigt oder nicht widerlegt zu werden, und dann nicht bestätigt ⟨oder widerlegt wird⟩. **51** Denn die Ähnlichkeit der Vorstellungen, wie sie gleichsam im Bild erfaßt werden oder bei Träumen auftreten oder bei irgendwelchen anderen Zugriffen des Verstandes oder der übrigen Urteilsinstanzen, mit den als wirklich und wahr bezeichneten Gegenständen wäre niemals vorhanden, gäbe es nicht auch derartige Gebilde, die auf uns zu geschleudert werden. Der Irrtum hingegen käme nicht vor, träfen wir nicht noch eine gewisse andere Bewegung in uns selbst an, die zwar zusammenhängt ⟨mit dem vorstellungsbildenden Zugriff⟩, aber doch einen Unterschied aufweist. Durch sie entsteht, wenn sie entweder nicht bestätigt oder widerlegt wird, der Irrtum, wenn sie aber bestätigt oder nicht widerlegt wird, die Wahrheit. **52** Ge-

δρα γε δεῖ τὴν δόξαν κατέχειν, ἵνα μήτε τὰ κριτήρια ἀναιρῆται τὰ κατὰ τὰς ἐναργείας μήτε τὸ διημαρτημένον ὁμοίως βεβαιούμενον πάντα συνταράττῃ.

Ἀλλὰ μὴν καὶ τὸ ἀκούειν γίνεται ῥεύματός τινος φερομένου ἀπὸ τοῦ φωνοῦντος ἢ ἠχοῦντος ἢ ψοφοῦντος ἢ ὅπως δήποτε ἀκουστικὸν πάθος παρασκευάζοντος. τὸ δὲ ῥεῦμα τοῦτο εἰς ὁμοιομερεῖς ὄγκους διασπείρεται, ἅμα τινὰ διασῴζοντας συμπάθειαν πρὸς ἀλλήλους καὶ ἑνότητα ἰδιότροπον, διατείνουσαν πρὸς τὸ ἀποστεῖλαν καὶ τὴν ἐπαίσθησιν τὴν ἐπ' ἐκείνου ὡς τὰ πολλὰ ποιοῦσαν, εἰ δὲ μή γε, τὸ ἔξωθεν μόνον ἔνδηλον παρασκευάζουσαν· 53 ἄνευ γὰρ ἀναφερομένης τινὸς ἐκεῖθεν συμπαθείας οὐκ ἂν γένοιτο ἡ τοιαύτη ἐπαίσθησις. οὐκ αὐτὸν οὖν δεῖ νομίζειν τὸν ἀέρα ὑπὸ τῆς προιεμένης φωνῆς ἢ καὶ τῶν ὁμογενῶν σχηματίζεσθαι – πολλὴν γὰρ ἔνδειαν ἕξει τοῦτο πάσχων ὑπ' ἐκείνης – ἀλλ' εὐθὺς τὴν γινομένην πληγὴν ἐν ἡμῖν, ὅταν φωνὴν ἀφίωμεν, τοιαύτην ἔκθλιψιν ὄγκων τινῶν ῥεύματος πνευματώδους ἀποτελεστικῶν ποιεῖσθαι, ἣ τὸ πάθος τὸ ἀκουστικὸν ἡμῖν παρασκευάζει.

Καὶ μὴν καὶ τὴν ὀσμὴν νομιστέον, ὥσπερ καὶ τὴν ἀκοὴν οὐκ ἄν ποτε οὐθὲν πάθος ἐργάσασθαι, εἰ μὴ ὄγκοι τινὲς ἦσαν ἀπὸ τοῦ πράγματος ἀποφερόμενοι σύμμετροι πρὸς τοῦτο τὸ αἰσθητήριον κινεῖν, οἱ μὲν τοῖοι τεταραγμένως καὶ ἀλλοτρίως, οἱ δὲ τοῖοι ἀταράχως καὶ οἰκείως ἔχοντες.

54 Καὶ μὴν καὶ τὰς ἀτόμους νομιστέον μηδεμίαν ποιότητα τῶν φαινομένων προσφέρεσθαι πλὴν σχήματος καὶ βάρους καὶ μεγέθους καὶ ὅσα ἐξ ἀνάγκης σχήματος συμφυῆ ἐστι. ποιότης γὰρ πᾶσα μεταβάλλει· αἱ δὲ ἄτομοι οὐδὲν μεταβάλλουσιν, ἐπειδή περ δεῖ τι ὑπομένειν ἐν ταῖς διαλύσεσι τῶν συγκρίσεων στερεὸν καὶ ἀδιάλυτον, ὃ τὰς μεταβολὰς οὐκ εἰς τὸ μὴ ὂν ποιήσεται οὐδ' ἐκ τοῦ μὴ ὄντος, ἀλλὰ κατὰ μεταθέ-

rade diesen Lehrsatz muß man besonders entschlossen festhalten, damit weder die auf augenscheinlichen Gewißheiten beruhenden Urteilsinstanzen aufgehoben werden, noch der Irrtum, in gleichem Maße gefestigt, alles erschüttert.

Sodann: das Hören entsteht, indem eine Art Strom sich entfernt von dem klingenden oder schallenden oder lärmenden oder welchen Hörreiz auch immer erzeugenden Gegenstande. Dieser Strom zerstreut sich in strukturgleiche Partikel, die zugleich eine bestimmte Reizentsprechung zueinander bewahren und eine spezifische Einförmigkeit, die zurückreicht bis zum aussendenden Gegenstand und die auf ihn bezogene bewußte Wahrnehmung meistens erzeugt, zumindest aber die Herkunft von außen her deutlich macht. 53 Denn ohne eine gewisse von dort übermittelte Reizentsprechung dürfte eine derartige bewußte Wahrnehmung nicht zustande kommen. Man darf also nicht glauben, die Luft selbst werde von dem ausgestoßenen Laut oder auch verwandten Tönen gestaltet – dazu fehlt nämlich viel, daß sie diesen Reiz von ihm empfängt –, sondern man muß annehmen, daß der in uns entstehende Schlag, sooft wir einen Laut entsenden, augenblicklich einen solchen Ausstoß von Partikeln, die einen hauchartigen Strom zu bilden vermögen, bewirkt, daß er uns den Hörreiz verschafft.

Ferner: der Geruchssinn, so muß man annehmen, würde ebenso wie das Gehör niemals irgendeine Reizempfindung hervorrufen, wenn es nicht bestimmte Partikel gäbe, die sich vom Gegenstand derart maßgerecht entfernen, daß sie dieses Sinnesorgan reizen – die einen in verwirrender und befremdender, die andern in beruhigender und anziehender Weise.

54 Ferner: die Atome, so muß man annehmen, beanspruchen keine Qualität der wahrgenommenen Körper für sich außer Gestalt, Schwere, Größe und all dem, was aus Notwendigkeit mit »Gestalt« gesetzmäßig verbunden ist.[27] Denn jede Qualität wandelt sich; die Atome aber wandeln sich nicht, insofern doch etwas beharren muß in den Auflösungen der Verbindungen, etwas Hartes und Unauflösliches, das seine Wandlungen ebensowenig ins Nichtseiende zustande bringt wie aus dem Nichtsei-

σεις ἐν πολλοῖς, τινῶν δὲ καὶ προσόδους καὶ ἀφόδους. ὅθεν ἀναγκαῖον τὰ [μὴ] μετατιθέμενα ἄφθαρτα εἶναι καὶ τὴν τοῦ μεταβάλλοντος φύσιν οὐκ ἔχοντα, ὄγκους δὲ καὶ σχηματισμοὺς ἰδίους· ταῦτα γὰρ καὶ ἀναγκαῖον ὑπομένειν. 55 καὶ γὰρ ἐν τοῖς παρ' ἡμῖν μετασχηματιζομένοις κατὰ τὴν περιαίρεσιν τὸ σχῆμα ἐνυπάρχον λαμβάνεται, αἱ δὲ ποιότητες οὐκ ἐνυπάρχουσαι ἐν τῷ μεταβάλλοντι, ὥσπερ ἐκεῖνο καταλείπεται, ἀλλ' ἐξ ὅλου τοῦ σώματος ἀπολλύμεναι. ἱκανὰ οὖν τὰ ὑπολειπόμενα ταῦτα τὰς τῶν συγκρίσεων διαφορὰς ποιεῖν, ἐπειδήπερ ὑπολείπεσθαί γέ τινα ἀναγκαῖον καὶ ⟨μὴ⟩ εἰς τὸ μὴ ὂν φθείρεσθαι.

Ἀλλὰ μὴν οὐδὲ δεῖ νομίζειν πᾶν μέγεθος ἐν ταῖς ἀτόμοις ὑπάρχειν, ἵνα μὴ τὰ φαινόμενα ἀντιμαρτυρῇ· παραλλαγὰς δέ τινας μεγεθῶν νομιστέον εἶναι. βέλτιον γὰρ καὶ τούτου προσόντος τὰ κατὰ τὰ πάθη καὶ τὰς αἰσθήσεις γινόμενα ἀποδοθήσεται. 56 πᾶν δὲ μέγεθος ὑπάρχον οὔτε χρήσιμόν ἐστι πρὸς τὰς τῶν ποιοτήτων διαφοράς, ἀφῖχθαί τε ἅμ' ἔδει καὶ πρὸς ἡμᾶς ὁρατὰς ἀτόμους· ὃ οὐ θεωρεῖται γινόμενον οὔθ' ὅπως ἂν γένοιτο ὁρατὴ ἄτομος ἔστιν ἐπινοῆσαι. Πρὸς δὲ τούτοις οὐ δεῖ νομίζειν ἐν τῷ ὡρισμένῳ σώματι ἀπείρους ὄγκους εἶναι οὐδ' ὁπηλίκους οὖν. ὥστε οὐ μόνον τὴν εἰς ἄπειρον τομὴν ἐπὶ τοὔλαττον ἀναιρετέον, ἵνα μὴ πάντα ἀσθενῆ ποιῶμεν κἀν ταῖς περιλήψεσι τῶν ἀθρόων εἰς τὸ μὴ ὂν ἀναγκαζώμεθα τὰ ὄντα θλίβοντες καταναλίσκειν, ἀλλὰ καὶ τὴν μετάβασιν μὴ νομιστέον γίνεσθαι ἐν τοῖς ὡρισμένοις εἰς ἄπειρον μηδ' ἐ⟨πὶ⟩ τοὔλαττον. 57 οὔτε γὰρ ὅπως, ἐπειδὰν ἅπαξ τις εἴπῃ ὅτι ἄπει-

enden, sondern in der Regel durch Umgruppierungen, in manchen Fällen auch durch Zugänge und Abgänge. Daher sind notwendigerweise die sich umgruppierenden Elemente unvergänglich und besitzen nicht die Struktur dessen, was sich wandelt, wohl aber je eigene Partikel und Gestaltungen; denn diese müssen ja auch notwendigerweise beharren.[28] 55 Denn auch bei den Gegenständen unserer Erfahrung wird, wenn man sie durch eine Verringerung ihres Umfangs umgestaltet, die Gestalt als das, was in ihnen erhalten bleibt, erfaßt; die Qualitäten jedoch lassen sich nur insofern erfassen, als sie in dem, was sich wandelt, nicht erhalten bleiben, wie die Gestalt zurückbleibt, sondern aus dem gesamten Körper entschwinden. Zureichend also sind jene übriggebliebenen Elemente, die Gestaltunterschiede der Verbindungen hervorzubringen, da es ja notwendig ist, daß gewisse Elemente übrigbleiben und ⟨nicht⟩ ins Nichtseiende zugrunde gehen.

Keineswegs darf man annehmen, jede Größe sei bei den Atomen vorhanden, damit nicht die Erscheinungswelt dagegen Zeugnis ablegt. Doch gewisse Variationen der Größen muß man annehmen. Denn nimmt man noch dies hinzu, wird sich das, was bei den Reizempfindungen und Wahrnehmungen vor sich geht, besser erklären lassen. 56 Daß aber jede Größe vorhanden sei, ist einerseits nicht erforderlich für die Artunterschiede der Qualitäten, andererseits müßten dann schon sichtbare Atome bei uns angekommen sein. Es läßt sich nicht beobachten, daß dies geschieht, und wie ein sichtbares Atom entstehen sollte, läßt sich nicht ausdenken. Zudem darf man nicht annehmen, in dem eingegrenzten Körper seien zahlenmäßig unbegrenzte Partikel oder gar in jeder möglichen Größe. Demnach müssen wir nicht allein den ins Grenzenlose reichenden Schnitt zur jeweils kleineren Einheit verwerfen, damit wir nicht alles aufweichen und beim Erfassen der Materiekomplexe nicht gezwungen werden, das Seiende ins Nichtseiende zu pressen und damit aufzubrauchen; sondern wir dürfen auch nicht annehmen, der Übergang bei den eingegrenzten Körpern könne sich ins Grenzenlose oder auch ⟨zur⟩ jeweils kleineren Einheit vollziehen.[29] 57 Denn in gar

ροι ὄγκοι ἔν τινι ὑπάρχουσιν ἢ ὁπηλίκοι οὖν, ἔστι νοῆσαι, πῶς τ' ἂν ἔτι τοῦτο πεπερασμένον εἴη τὸ μέγεθος; πηλίκοι γάρ τινες δῆλον ὡς οἱ ἄπειροί εἰσιν ὄγκοι· καὶ οὗτοι ὁπηλίκοι ἄν ποτε ὦσιν, ἄπειρον ἂν ἦν καὶ τὸ μέγεθος. ἄκρον τε ἔχοντος τοῦ πεπερασμένου διαληπτόν, εἰ μὴ καὶ καθ' ἑαυτὸ θεωρητόν, οὐκ ἔστι μὴ οὐ καὶ τὸ ἑξῆς τούτου τοιοῦτον νοεῖν, καὶ οὕτω κατὰ τὸ ἑξῆς εἰς τοὔμπροσθεν βαδίζοντα εἰς τὸ ἄπειρον ὑπάρχειν κατὰ ⟨τὸ⟩ τοιοῦτον ἀφικνεῖσθαι τῇ ἐννοίᾳ. 58 τό τε ἐλάχιστον τὸ ἐν τῇ αἰσθήσει δεῖ κατανοεῖν ὅτι οὔτε τοιοῦτόν ἐστιν οἷον τὸ τὰς μεταβάσεις ἔχον οὔτε πάντῃ πάντως ἀνόμοιον, ἀλλ' ἔχον μέν τινα κοινότητα τῶν μεταβατῶν, διάληψιν δὲ μερῶν οὐκ ἔχον· ἀλλ' ὅταν διὰ τὴν τῆς κοινότητος προσεμφέρειαν οἰηθῶμεν διαλήψεσθαί τι αὐτοῦ, τὸ μὲν ἐπιτάδε, τὸ δὲ ἐπέκεινα, τὸ ἴσον ἡμῖν δεῖ προσπίπτειν. ἑξῆς τε θεωροῦμεν ταῦτα ἀπὸ τοῦ πρώτου καταρχόμενοι καὶ οὐκ ἐν τῷ αὐτῷ, οὐδὲ μέρεσι μερῶν ἁπτόμενα, ἀλλ' ἢ ἐν τῇ ἰδιότητι τῇ ἑαυτῶν τὰ μεγέθη καταμετροῦντα, τὰ πλείω πλεῖον καὶ τὰ ἐλάττω ἔλαττον. ταύτῃ τῇ ἀναλογίᾳ νομιστέον καὶ τὸ ἐν τῇ ἀτόμῳ ἐλάχιστον κεχρῆσθαι· 59 μικρότητι γὰρ ἐκεῖνο δῆλον ὡς διαφέρει τοῦ κατὰ τὴν αἴσθησιν θεωρουμένου, ἀναλογίᾳ δὲ τῇ αὐτῇ κέχρηται. ἐπεί περ καὶ ὅτι μέγεθος ἔχει ἡ ἄτομος, κατὰ τὴν ἐνταῦθα ἀναλογίαν κατηγορήσαμεν, μικρόν τι μόνον μακρὰν ἐκβαλόντες. ἔτι τε τὰ ἐλάχιστα καὶ ἀμερῆ πέρατα δεῖ νομίζειν τῶν μηκῶν τὸ καταμέτρημα ἐξ αὐτῶν πρῶτον τοῖς μείζοσι καὶ ἐλάττοσι παρασκευάζοντα τῇ διὰ λόγου θεωρίᾳ

keiner Weise kann man, wenn jemand z. B. sagt, zahlenmäßig unbegrenzte Partikel befänden sich in irgendeinem Körper oder auch von jeder möglichen Größe, sich auch nur denken, wie dieser Körper noch von begrenzter Größe sein könne. Denn von einer bestimmten Größe – das ist doch klar – müssen die zahlenmäßig unbegrenzten Partikel sein. Und mögen diese in jeder möglichen Größe vorkommen: so wäre der Körper eben von unbegrenzter Größe. Da nun das Begrenzte ein »Extrem« hat, das unterscheidbar, wenn auch nicht für sich beobachtbar ist, so muß sich auch das nachfolgende Extrem ebenso denken lassen; und wenn man so in stetiger Folge bis ins darauffolgende Extrem weitergeht, muß es auch auf ⟨solche⟩ Weise möglich sein, im Denken bis ins Grenzenlose zu gelangen. **58** Und die kleinste Einheit, die in der Wahrnehmung auftritt, muß man sich so denken, daß sie weder genauso beschaffen ist wie das, was Übergänge aufweist, noch in jeder Hinsicht völlig unähnlich; sie weist zwar eine gewisse Gemeinsamkeit mit diesen Phänomenen, aber keine Unterscheidbarkeit von Teilen auf. Doch sooft wir wegen der Entsprechung hinsichtlich der Gemeinsamkeit meinen, etwas an ihr unterscheiden zu können, das eine hier, das andere dort, muß uns eine gleiche Einheit ins Auge fallen. In stetiger Reihe beobachten wir diese Einheiten, von der ersten ausgehend, d. h. nicht an derselben Stelle, auch nicht so, daß sie mit Teilen Teile berühren, sondern nur so, daß sie in ihrer je eigenen Individualität die Größe durchmessen, und zwar mehr Einheiten eine größere, weniger eine kleinere. **59** Dieser Proportion – so muß man annehmen – entspricht auch die kleinste Einheit im Atom.[30] Denn an Kleinheit unterscheidet sich jene offensichtlich von dem innerhalb der Wahrnehmung Beobachteten, entspricht aber ebendieser Proportion. Denn daß das Atom Größe hat, haben wir ja aufgrund der dort geltenden Proportion bereits ausgesagt, indem wir eine kleine Maßeinheit nur weitgehend verkleinerten. Ferner muß man die kleinsten und unvermischbaren Einheiten für »Grenzen«[31] der Atomformate halten, die aus sich selbst als ersten Einheiten den Maßstab für die größeren und kleineren Atomformate abgeben auf

ἐπὶ τῶν ἀοράτων. ἡ γὰρ κοινότης ἡ ὑπάρχουσα αὐτοῖς πρὸς τὰ ἀμετάβατα ἱκανὴ τὸ μέχρι τούτου συντελέσαι, συμφόρησιν δὲ ἐκ τούτων κίνησιν ἐχόντων οὐχ οἷόν τε γίνεσθαι.

60 Καὶ μὴν καὶ τοῦ ἀπείρου ὡς μὲν ἀνωτάτω ἢ κατωτάτω οὐ δεῖ κατηγορεῖν τὸ ἄνω κάτω. ἴσμεν μέντοι τὸ ὑπὲρ κεφαλῆς, ὅθεν ἂν στῶμεν, εἰς ἄπειρον ἄγειν ⟨ἐξ⟩ όν, μηδέποτε φανεῖσθαι τοῦτο ἡμῖν, ἢ τὸ ὑποκάτω τοῦ νοηθέντος εἰς ἄπειρον, ἅμα ἄνω τε εἶναι καὶ κάτω πρὸς τὸ αὐτό· τοῦτο γὰρ ἀδύνατον διανοηθῆναι. ὥστε ἔστι μίαν λαβεῖν φορὰν τὴν ἄνω νοουμένην εἰς ἄπειρον καὶ μίαν τὴν κάτω, ἂν καὶ μυριάκις πρὸς τοὺς πόδας τῶν ἐπάνω τὸ παρ' ἡμῶν φερόμενον ⟨εἰς⟩ τοὺς ὑπὲρ κεφαλῆς ἡμῶν τόπους ἀφικνῆται ἢ ἐπὶ τὴν κεφαλὴν τῶν ὑποκάτω τὸ παρ' ἡμῶν κάτω φερόμενον· ἡ γὰρ ὅλη φορὰ οὐθέν ἧττον ἑκατέρα ἑκατέρᾳ ἀντικειμένη ἐπ' ἄπειρον νοεῖται.

61 Καὶ μὴν καὶ ἰσοταχεῖς ἀναγκαῖον τὰς ἀτόμους εἶναι, ὅταν διὰ τοῦ κενοῦ εἰσφέρωνται μηθενὸς ἀντικόπτοντος· οὔτε γὰρ τὰ ⟨μεγάλα καὶ⟩ βαρέα θᾶττον οἰσθήσεται τῶν μικρῶν καὶ κούφων, ὅταν γε δὴ μηδὲν ἀπαντᾷ αὐτοῖς· οὔτε τὰ μικρὰ τῶν μεγάλων, πάντα πόρον σύμμετρον ἔχοντα, ὅταν μηθὲν μηδὲ ἐκείνοις ἀντικόπτῃ· οὔθ' ἡ ἄνω οὔθ' ἡ εἰς τὸ πλάγιον διὰ τῶν κρούσεων φορά, οὔθ' ἡ κάτω διὰ τῶν ἰδίων βαρῶν. ἐφ' ὁπόσον γὰρ ἂν κατίσχῃ, ἑκάτερον ἐπὶ τοσοῦτον ἅμα νοήματι τὴν φορὰν σχήσει, ἕως ἀντικόψῃ ἢ ἔξωθεν ἢ ἐκ τοῦ ἰδίου βάρους πρὸς τὴν τοῦ πλήξαντος δύναμιν.

Grund des theoretischen Konstruktionsverfahrens im Bereich der nicht beobachtbaren Zusammenhänge. Denn die Gemeinsamkeit, die zwischen ihnen und den übergangslosen Einheiten besteht, ist zureichend, um das so weit Rekonstruierte abzuschließen. Doch ein Zusammenschluß aus ihnen, indem sie Bewegung zuließen, kann nicht stattfinden.

60 Ferner: Man darf dem Unbegrenzten nicht so, als sei es zuoberst oder zuunterst, das »Oben« oder »Unten« zusprechen. Wäre es ⟨möglich,⟩ von dort aus, wo immer wir stehen, den Raum über unserm Kopf ins Unbegrenzte zu verlängern, so wissen wir: dieser Raum – ebenso wie der unterhalb des Raumes, der ins Unbegrenzte verlängert gedacht ist – wird uns niemals so erscheinen, als sei er zugleich oben und unten im Hinblick auf denselben Standort; denn dies läßt sich unmöglich denken. Demnach ist es möglich, als eine Bewegung die aufzufassen, die nach oben ins Unbegrenzte gedacht ist, und wiederum als eine die nach unten, selbst wenn tausendmal das, was sich von uns aus ⟨in⟩ die Räume über unserm Kopf bewegt, zu den Füßen derer, die über uns sind, gelangt, oder zum Kopf derer, die unter uns sind, das, was sich von uns aus nach unten bewegt. Denn die gesamte Bewegung wird nichtsdestoweniger so gedacht, daß die eine der andern entgegengesetzt ins Unbegrenzte verläuft.[32]

61 Ferner: Notwendig sind die Atome gleich schnell, sooft sie sich durch die Leere heranbewegen, ohne daß etwas aufprallt. Denn weder werden sich die ⟨großen und⟩ schweren Körper schneller bewegen als die kleinen und leichten, jedenfalls sooft ihnen nichts begegnet, noch die kleinen schneller als die großen, selbst wenn sie jede Bahn maßgerecht vorfinden, sooft auch auf sie nichts aufprallt. Weder wird die durch Anstöße hervorgerufene Bewegung nach oben oder seitwärts schneller vor sich gehen noch die Bewegung nach unten infolge der eigenen Gewichte. Denn solange die jeweilige Bewegung vorhält, wird der jeweilige Körper gleich schnell wie ein Gedanke seine Bewegung beibehalten, bis er entweder durch einen Anstoß von außen oder infolge der eigenen Schwere aufprallt auf die Gewalt eines auftreffenden Körpers.

62 Ἀλλὰ μὴν καὶ κατὰ τὰς συγκρίσεις θάττων ἑτέρα ἑτέρας ῥηθήσεται, τῶν ἀτόμων ἰσοταχῶν οὐσῶν τῷ ἐφ' ἕνα τόπον φέρεσθαι τὰς ἐν τοῖς ἀθροίσμασιν ἀτόμους καὶ κατὰ τὸν ἐλάχιστον συνεχῆ χρόνον, εἰ μὴ ἐφ' ἕνα κατὰ τοὺς λόγῳ θεωρητοὺς χρόνους· ἀλλὰ πυκνὸν ἀντικόπτουσιν, ἕως ἂν ὑπὸ τὴν αἴσθησιν τὸ συνεχὲς τῆς φορᾶς γίνηται. τὸ γὰρ προσδοξαζόμενον περὶ τοῦ ἀοράτου, ὡς ἄρα καὶ οἱ διὰ λόγου θεωρητοὶ χρόνοι τὸ συνεχὲς τῆς φορᾶς ἕξουσιν, οὐκ ἀληθές ἐστιν ἐπὶ τῶν τοιούτων· ἐπεὶ τό γε θεωρούμενον πᾶν ἢ κατ' ἐπιβολὴν λαμβανόμενον τῇ διανοίᾳ ἀληθές ἐστι.

63 Μετὰ δὲ ταῦτα δεῖ συνορᾶν ἀναφέροντα ἐπὶ τὰς αἰσθήσεις καὶ τὰ πάθη – οὕτω γὰρ ἡ βεβαιοτάτη πίστις ἔσται – ὅτι ἡ ψυχὴ σῶμά ἐστι λεπτομερές, παρ' ὅλον τὸ ἄθροισμα παρεσπαρμένον, προσεμφερέστατον δὲ πνεύματι, θερμοῦ τινα κρᾶσιν ἔχοντι καὶ πῇ μὲν τούτῳ προσεμφερές, πῇ δὲ τούτῳ. ἔστι δέ τι μέρος πολλὴν παραλλαγὴν εἰληφὸς τῇ λεπτομερείᾳ καὶ αὐτῶν τούτων, συμπαθὲς διὰ τοῦτο μᾶλλον καὶ τῷ λοιπῷ ἀθροίσματι· τοῦτο δὲ πᾶν αἱ δυνάμεις τῆς ψυχῆς δηλοῦσι καὶ τὰ πάθη καὶ αἱ εὐκινησίαι καὶ αἱ διανοήσεις καὶ ὧν στερόμενοι θνῄσκομεν. Καὶ μὴν καὶ ὅτι ἔχει ἡ ψυχὴ τῆς αἰσθήσεως τὴν πλείστην αἰτίαν δεῖ κατέχειν· 64 οὐ μὴν εἰλήφει ἂν ταύτην, εἰ μὴ ὑπὸ τοῦ λοιποῦ ἀθροίσματος ἐστεγάζετό πως· τὸ δὲ λοιπὸν ἄθροισμα παρασκευάσαν ἐκείνῃ τὴν αἰτίαν ταύτην μετείληφε καὶ αὐτὸ τοιούτου συμπτώματος παρ' ἐκείνης, οὐ μέντοι πάντων ὧν ἐκείνη κέκτηται· διὸ ἀπαλλαγείσης τῆς ψυχῆς οὐκ ἔχει τὴν αἴσθησιν. οὐ γὰρ αὐτὸ ἐν ἑαυτῷ ταύτην ἐκέκτητο τὴν δύναμιν, ἀλλ' ἑτέρῳ ἅμα συγγε-

62 Sodann: bezüglich der Verbindungen wird sich ein Atom »schneller« nennen lassen als das andere – obwohl die Atome gleich schnell sind –, weil sich die in Komplexen befindlichen Atome auf eine Stelle zubewegen, und zwar gemessen an der kleinsten stetigen Zeiteinheit, wenn sie sich auch nicht auf eine Stelle zubewegen, gemessen an den gedanklich erschließbaren Zeiteinheiten. Vielmehr prallen sie häufig so lange aufeinander, bis die Stetigkeit der Bewegung in den Bereich der Wahrnehmung gerät. Denn das, was man über das Unsichtbare hinzuvermutet, daß nämlich auch die gedanklich erschließbaren Zeiteinheiten die Stetigkeit der Bewegung annehmen können, ist unter solchen Bedingungen nicht wahr. Denn nur das wirklich Beobachtete oder durch einen unmittelbaren Zugriff mit dem Verstand Erfaßte ist wahr.[33]

63 Danach muß man einsehen, indem man das Erfaßte zurückführt auf die Wahrnehmungen und die Reizempfindungen – so wird sich nämlich die verläßlichste Gewißheit einstellen –, daß die Seele ein feinteiliger Körper ist, der in den gesamten Körperkomplex eingestreut ist, am ähnlichsten einem Hauch, der eine gewisse Beimischung von Wärme besitzt, d.h. bald dieser, bald jenem ähnlich.[34] Es gibt auch noch einen bestimmten Teil, der eine erhebliche Variation darstellt durch seine Feinteiligkeit sogar diesen beiden gegenüber und darum um so reizempfindlicher auch mit dem übrigen Körperkomplex verbunden ist: dies alles zeigen die Kräfte der Seele, und zwar die Reizempfindungen, die leichte Erregbarkeit, die Überlegungen und das, an dessen Verlust wir sterben. Ferner: daß die Seele am Wahrnehmungsvermögen den erheblichsten Ursachenanteil hat, muß man auch festhalten. 64 Jedoch besäße sie ihn nicht, wenn sie nicht von dem übrigen Körperkomplex irgendwie bedeckt würde. Der übrige Körperkomplex nun, der ihr diesen Ursachenanteil verschafft, hat auch selbst von ihr her teil an einer solchen zufälligen Eigenschaft, freilich nicht an allen, die jene besitzt. Deshalb hat er kein Wahrnehmungsvermögen, wenn die Seele sich entfernt hat. Denn nicht von sich aus und in sich selbst besaß er diese Fähigkeit, sondern verschaffte sie einem anderen

γενημένῳ αὐτῷ παρεσκεύαζεν, ὃ διὰ τῆς συντελεσθείσης περὶ αὐτὸ δυνάμεως κατὰ τὴν κίνησιν σύμπτωμα αἰσθητικὸν εὐθὺς ἀποτελοῦν ἑαυτῷ ἀπεδίδου κατὰ τὴν ὁμούρησιν καὶ συμπάθειαν καὶ ἐκείνῳ, καθάπερ εἶπον. **65** Διὸ δὴ καὶ ἐνυπάρχουσα ἡ ψυχὴ οὐδέποτε ἄλλου τινὸς μέρους ἀπηλλαγμένου ἀναισθητήσει· ἀλλ' ἃ ἂν καὶ ταύτης ξυναπόληται τοῦ στεγάζοντος λυθέντος εἴθ' ὅλου εἴτε καὶ μέρους τινός, ἐάν περ διαμένῃ, σῴζει τὴν αἴσθησιν. τὸ δὲ λοιπὸν ἄθροισμα διαμένον καὶ ὅλον καὶ κατὰ μέρος οὐκ ἔχει τὴν αἴσθησιν ἐκείνου ἀπηλλαγμένου, ὅσον ποτέ ἐστι τὸ συντεῖνον ⟨τὸ⟩ τῶν ἀτόμων πλῆθος εἰς τὴν τῆς ψυχῆς φύσιν. Καὶ μὴν καὶ λυομένου τοῦ ὅλου ἀθροίσματος ἡ ψυχὴ διασπείρεται καὶ οὐκέτι ἔχει τὰς αὐτὰς δυνάμεις οὐδὲ κινεῖται, ὥστε οὐδ' αἴσθησιν κέκτηται. **66** οὐ γὰρ οἷόν τε νοεῖν αὐτὸ αἰσθανόμενον μὴ ἐν ⟨ὂν⟩ τούτῳ τῷ συστήματι καὶ ταῖς κινήσεσι ταύταις χρώμενον, ὅταν τὰ στεγάζοντα καὶ περιέχοντα μὴ τοιαῦτα ᾖ, ἐν οἷς νῦν οὖσα ἔχει ταύτας τὰς κινήσεις. Ἀλλὰ μὴν καὶ τόδε **67** γε δεῖ προσκατανοεῖν, ὅτι τὸ ἀσώματον λέγεται κατὰ τὴν πλείστην ὁμιλίαν τοῦ ὀνόματος ἐπὶ τοῦ καθ' ἑαυτὸ νοηθέντος ἄν· καθ' ἑαυτὸ δὲ οὐκ ἔστι νοῆσαι τὸ ἀσώματον πλὴν τοῦ κενοῦ· τὸ δὲ κενὸν οὔτε ποιῆσαι οὔτε παθεῖν δύναται, ἀλλὰ κίνησιν μόνον δι' ἑαυτοῦ τοῖς σώμασι παρέχεται. ὥσθ' οἱ λέγοντες ἀσώματον εἶναι τὴν ψυχὴν ματαΐζουσιν. οὐθὲν γὰρ ἂν ἐδύνατο ποιεῖν οὔτε πάσχειν, εἰ ἦν τοιαύτη· νῦν δ' ἐναργῶς ἀμφότερα ταῦτα διαλαμβάνεται περὶ τὴν ψυχὴν τὰ

Teil, der mit ihm zugleich erzeugt worden war. Dieser Teil befähigte, indem er durch die bei sich herausgebildete Fähigkeit mit Hilfe der Bewegung eine wahrnehmungsleitende Eigenschaft sofort für sich selbst vervollkommnete, auch jenen Körperkomplex zur Reizübertragung infolge der Nachbarschaft, wie ich eben sagte. **65** Deshalb also wird die Seele, solange sie innerhalb des Körperkomplexes bleibt, selbst wenn irgendein anderer Teil fehlt, niemals wahrnehmungslos sein. Sondern: was auch immer von ihr mitvernichtet wird, wenn der bedeckende Körperkomplex sich löst – sei es insgesamt, sei es an irgendeinem Teil –, wenn die übrige Seele nur überdauert, wird sie das Wahrnehmungsvermögen behalten. Der übrige Körperkomplex, sofern er insgesamt oder zum Teil überdauert, behält das Wahrnehmungsvermögen nicht, wenn jener Teil fehlt, der – wie klein er auch sei – ⟨die⟩ für die Elementarstruktur der Seele ausreichende Menge an Atomen beisteuert. Löst sich indes der gesamte Körperkomplex auf, dann zerstreut sich auch die Seele, hat nicht mehr dieselben Fähigkeiten und bewegt sich auch nicht mehr, wie sie dann ja auch kein Wahrnehmungsvermögen mehr besitzt. **66** Denn es läßt sich unmöglich denken, daß jener Teil noch wahrnimmt, wenn er ⟨sich⟩ nicht mehr innerhalb dieser Organisation ⟨befindet⟩ und die entsprechenden Bewegungen vollzieht, d.h. wenn die bedeckenden und umgebenden Teile nicht mehr ebenso sind wie die, in denen die Seele sich jetzt befindet und deshalb die entsprechenden Bewegungen hat. **67** Sodann muß man zusätzlich noch dies bedenken: »das Unkörperliche« sagt man – entsprechend der häufigsten Verwendung des Wortes –, immer angewandt auf das, was jeweils nur für sich gedacht werden kann. Für sich denken läßt sich »das Unkörperliche« nur als »das Leere«. Das Leere vermag weder zu wirken und Wirkung zu erfahren, sondern gewährt den Körpern nur Bewegung durch sich hindurch. Jene, die sagen, die Seele sei unkörperlich, reden also verrücktes Zeug.[35] Denn nichts vermöchte sie zu wirken oder zu erfahren, wenn sie so beschaffen wäre. Unmittelbar einleuchtend jedoch werden diese beiden zufälligen Eigenschaften in bezug auf die Seele unterschieden.

συμπτώματα. **68** ταῦτα οὖν πάντα τὰ διαλογίσματα ⟨τὰ⟩ περὶ ψυχῆς ἀνάγων τις ἐπὶ τὰ πάθη καὶ τὰς αἰσθήσεις, μνημονεύων τῶν ἐν ἀρχῇ ῥηθέντων, ἱκανῶς κατόψεται τοῖς τύποις ἐμπεριειλημμένα εἰς τὸ κατὰ μέρος ἀπὸ τούτων ἐξακριβοῦσθαι βεβαίως.

Ἀλλὰ μὴν καὶ τὰ σχήματα καὶ τὰ χρώματα καὶ τὰ μεγέθη καὶ τὰ βάρη καὶ ὅσα ἄλλα κατηγορεῖται σώματος ὡς ἂν ἀεὶ συμβεβηκότα ἢ πᾶσιν ἢ τοῖς ὁρατοῖς καὶ κατὰ τὴν αἴσθησιν αὐτοῖς γνωστοῖς, οὐθ' ὡς καθ' ἑαυτάς εἰσι φύσεις δοξαστέον – οὐ γὰρ δυνατὸν ἐπινοῆσαι τοῦτο – **69** οὔτε ὅλως ὡς οὐκ εἰσίν, οὔθ' ὡς ἕτερ' ἄττα προσυπάρχοντα τούτῳ ἀσώματα, οὔθ' ὡς μόρια τούτου, ἀλλ' ὡς τὸ ὅλον σῶμα καθόλου ἐκ τούτων πάντων τὴν ἑαυτοῦ φύσιν ἔχον ἀίδιον, οὐχ οἷον δ' εἶναι ⟨ἐκ⟩ συμπεφορημένων – ὥσπερ ὅταν ἐξ αὐτῶν τῶν ὄγκων μεῖζον ἄθροισμα συστῇ ἤτοι τῶν πρώτων ἢ τῶν τοῦ ὅλου μεγεθῶν τοῦδε τινὸς ἐλαττόνων – ἀλλὰ μόνον, ὡς λέγω, ἐκ τούτων ἁπάντων τὴν ἑαυτοῦ φύσιν ἔχον ἀίδιον. καὶ ἐπιβολὰς μὲν ἔχοντα ἰδίας πάντα ταῦτά ἐστι καὶ διαλήψεις, συμπαρακολουθοῦντος δὲ τοῦ ἀθρόου καὶ οὐθαμῇ ἀποσχιζομένου, ἀλλὰ κατὰ τὴν ἀθρόαν ἔννοιαν τοῦ σώματος κατηγορίαν εἰληφότος.

70 Καὶ μὴν καὶ τοῖς σώμασι συμπίπτει πολλάκις καὶ οὐκ ἀίδιον παρακολουθεῖ· ... ⟨ἃ⟩ οὔτ' ἐν τοῖς ἀοράτοις ⟨ἐστιν⟩ οὔτε ἀσώματα. ὥστε δὴ κατὰ τὴν πλείστην φορὰν τούτῳ τῷ ὀνόματι χρώμενοι φανερὰ ποιοῦμεν τὰ συμπτώματα οὔτε τὴν τοῦ ὅλου φύσιν ἔχειν, ὃ συλλαβόντες κατὰ τὸ ἀθρόον σῶμα

68 Wenn man schließlich all diese Schlußfolgerungen über die Seele zurückführt auf die Reizempfindungen und die Wahrnehmungen[36] und sich dabei an das zu Anfang Gesagte erinnert, so wird man einsehen, daß sie zureichend in Modellen zusammengefaßt sind, um von diesen aus verläßlich im einzelnen genaue Erklärungen liefern zu können.
Sodann: die Gestalten, Farben, Größen, Gewichte und was sonst einem Körper zugesprochen wird, als seien es stetige Eigenschaften entweder von allen oder nur von den sichtbaren und den entsprechend der Wahrnehmung als solche erkennbaren Körpern: all dies darf man weder als für sich bestehende Elementargebilde auffassen – denn dies läßt sich unmöglich ausdenken –, 69 noch darf man vermuten, sie seien überhaupt nicht vorhanden oder sie seien irgendwelche unabhängigen unkörperlichen Gebilde, die sich an diesem Körper befänden, oder etwa Teile von ihm. Vielmehr muß man sich denken, daß der gesamte Körper als Gesamtheit aus ihnen allen seine besondere fortwährende Struktur erhält, jedoch nicht so, als bestünde er ⟨aus⟩ zusammengetragenen Partikeln – wie wenn etwa aus den Partikeln selbst ein größerer Komplex sich zusammenschlösse, sei es aus den ursprünglichen Partikeln, sei es aus den großformatigen Partikeln des Ganzen, die kleiner sind als irgendein solches Ganzes – sondern, wie ich sage, lediglich in der Weise, daß der Körper aus ihnen allen seine besondere fortwährende Struktur erhält. Und zwar sind alle diese stetigen Eigenschaften derart, daß sie jeweils besondere Zugriffe und Unterscheidungen zulassen, wobei der Eigenschaftskomplex stets begleitend gegenwärtig ist und sich nirgendwo abspalten läßt; vielmehr trägt er nur infolge des komplexen Gedankenbildes das Prädikat »Körper«.
70 Ferner: den Körpern fallen Eigenschaften häufig nur zu und begleiten sie nicht fortwährend: ⟨sie gehören⟩ weder zum Unsichtbaren, noch sind sie unkörperlich. Indem wir also dieses Wort dem landläufigen Sprachgebrauch entsprechend verwenden, machen wir deutlich, daß die zufälligen Eigenschaften weder die Struktur des Ganzen haben, das wir als Eigenschaftskomplex zusammenfassend »Körper« nennen, noch die Struktur

προσαγορεύομεν, οὔτε τὴν τῶν ἀίδιον παρακολουθούντων, ὧν ἄνευ σῶμα οὐ δυνατὸν νοεῖσθαι. κατ' ἐπιβολὰς δ' ἄν τινας παρακολουθοῦντος τοῦ ἀθρόου ἕκαστα προσαγορευθείη, 71
ἀλλ' ὅτε δήποτε ἕκαστα συμβαίνοντα θεωρεῖται, οὐκ ἀίδιον τῶν συμπτωμάτων παρακολουθούντων. καὶ οὐκ ἐξελατέον ἐκ τοῦ ὄντος ταύτην τὴν ἐνάργειαν, ὅτι οὐκ ἔχει τὴν τοῦ ὅλου φύσιν ᾧ συμβαίνει οὐδὲ τὴν τῶν ἀίδιον παρακολουθούντων, οὐδ' αὖ καθ' αὑτὰ νομιστέον – οὐδὲ γὰρ τοῦτο διανοητὸν οὔτ' ἐπὶ τούτων οὔτ' ἐπὶ τῶν ἀίδιον συμβεβηκότων – ἀλλ' ὅπερ καὶ φαίνεται, συμπτώματα πάντα ⟨κατὰ⟩ τὰ σώματα νομιστέον, καὶ οὐκ ἀίδιον παρακολουθοῦντα οὐδ' αὖ φύσεως καθ' ἑαυτὰ τάγμα ἔχοντα, ἀλλ' ὃν τρόπον αὐτὴ ἡ αἴσθησις τὴν ἰδιότητα ποιεῖ, θεωρεῖται.

72 καὶ μὴν καὶ τόδε γε δεῖ προσκατανοῆσαι σφοδρῶς· τὸν γὰρ δὴ χρόνον οὐ ζητητέον ὥσπερ καὶ τὰ λοιπά, ὅσα ἐν ὑποκειμένῳ ζητοῦμεν ἀνάγοντες ἐπί τὰς βλεπομένας παρ' ἡμῖν αὐτοῖς προλήψεις, ἀλλ' αὐτὸ τὸ ἐνάργημα, καθ' ὃ τὸν πολὺν ἢ ὀλίγον χρόνον ἀναφωνοῦμεν, συγγενικῶς τοῦτο ἐπιφέροντας, ἀναλογιστέον. καὶ οὔτε διαλέκτους ὡς βελτίους μεταληπτέον, ἀλλ' αὐταῖς ταῖς ὑπαρχούσαις κατ' αὐτοῦ χρηστέον, οὔτε ἄλλο τι κατ' αὐτοῦ κατηγορητέον, ὡς τὴν αὐτὴν οὐσίαν ἔχοντος τῷ ἰδιώματι τούτῳ – καὶ γὰρ τοῦτο ποιοῦσί τινες – ἀλλὰ μόνον ᾧ συμπλέκομεν τὸ ἴδιον τοῦτο καὶ παραμετροῦμεν, μάλιστα ἐπιλογιστέον. 73 καὶ γὰρ τοῦτο οὐκ ἀποδείξεως προσδεῖται ἀλλ' ἐπιλογισμοῦ, ὅτι ταῖς ἡμέραις

der fortwährend begleitenden Eigenschaften, ohne die »Körper« unmöglich gedacht werden kann. Mit Hilfe bestimmter Zugriffe, wobei der Eigenschaftskomplex begleitend gegenwärtig ist, dürften sich die einzelnen zufälligen Eigenschaften durchaus benennen lassen; **71** dies jedoch nur, sooft man sie im einzelnen als tatsächlich auftretend beobachtet, da die zufälligen Eigenschaften nicht fortwährend den Körper begleiten. Und diese augenscheinliche Gewißheit darf man aus dem Bereich des Seienden nicht deswegen verweisen, weil sie nicht die Struktur des Ganzen haben, mit dem zusammen sie auftreten, auch nicht die der fortwährend begleitenden Eigenschaften. Ebenfalls darf man sie nicht als für sich bestehend annehmen – denn auch dies ist nicht denkbar, weder bei ihnen noch bei den fortwährenden Eigenschaften –, sondern man muß sie, wie sie sich ja auch zeigen, insgesamt für zufällige Eigenschaften ⟨an⟩ den Körpern halten, die sie nicht fortwährend begleiten und ebenfalls nicht die Position eines für sich bestehenden Elementargebildes haben. Vielmehr beobachtet man sie auf die Weise, wie die Wahrnehmung von sich aus deren Besonderheit bestimmt.

72 Ferner muß man dies noch besonders scharf beachten: nach der Zeit darf man nämlich nicht forschen wie nach all den übrigen Eigenschaften, die wir an einem zugrundeliegenden Gegenstand erforschen, indem wir sie zurückführen auf die bei uns selbst geschauten Vor-Begriffe; sondern wir müssen eben das unmittelbar einleuchtende Meßkonzept, an dem gemessen wir von »langer« oder »kurzer« Zeit reden, dadurch prüfen, daß wir dieses Meßkonzept so, als sei es ursprünglich mitgegeben, auf die Zeit anwenden. Und weder dürfen wir andere Umschreibungen als angeblich bessere übernehmen – vielmehr müssen wir ausschließlich die für sie gebräuchlichen verwenden –, noch ihr etwas anderes zusprechen, als habe das andere die gleiche Wesensart wie dieses Spezifikum – denn auch dies tun manche –, sondern wir müssen einzig und allein überlegen, womit wir dieses spezifische Etwas verknüpfen und woran wir es messen. **73** Denn auch dies bedarf nicht eines Beweises, sondern nur der Überlegung, daß wir es mit den Tagen und Nächten verknüp-

καὶ ταῖς νυξὶ συμπλέκομεν, καὶ τοῖς τούτων μέρεσιν, ὡσαύτως δὲ καὶ τοῖς πάθεσι καὶ ταῖς ἀπαθείαις, καὶ κινήσεσι καὶ στάσεσιν, ἴδιόν τι σύμπτωμα περὶ ταῦτα πάλιν αὐτὸ τοῦτο ἐννοοῦντες, καθὸ χρόνον ὀνομάζομεν.

Ἐπί τε τοῖς προειρημένοις τοὺς κόσμους δεῖ καὶ πᾶσαν σύγκρισιν πεπερασμένην τὸ ὁμοειδὲς τοῖς θεωρουμένοις πυκνῶς ἔχουσαν νομίζειν γεγονέναι ἀπὸ τοῦ ἀπείρου, πάντων τούτων ἐκ συστροφῶν ἰδίων ἀποκεκριμένων καὶ μειζόνων καὶ ἐλαττόνων· καὶ πάλιν διαλύεσθαι πάντα, τὰ μὲν θᾶττον, τὰ δὲ βραδύτερον, καὶ τὰ μέν ὑπὸ τῶν τοιῶνδε, τὰ δὲ ὑπὸ τῶν τοιῶνδε τοῦτο πάσχοντα. 74 Ἔτι δὲ τοὺς κόσμους οὔτε ἐξ ἀνάγκης δεῖ νομίζειν ἕνα σχηματισμὸν ἔχοντας ⟨γεγονέναι οὔτε πάντῃ πάντως διαφόρους⟩ οὐδὲ γὰρ ἂν ἀποδείξειεν οὐδείς, ὡς ⟨ἐν⟩ μὲν τῷ τοιούτῳ καὶ οὐκ ἂν ἐμπεριελήφθη τὰ τοιαῦτα σπέρματα ἐξ ὧν ζῷά τε καὶ φυτὰ καὶ τὰ λοιπὰ πάντα ⟨τὰ⟩ θεωρούμενα συνίσταται, ἐν δὲ τῷ τοιούτῳ οὐκ ἂν ἐδυνήθη.

75 Ἀλλὰ μὴν ὑποληπτέον καὶ τὴν φύσιν πολλὰ καὶ παντοῖα ὑπὸ αὐτῶν τῶν πραγμάτων διδαχθῆναί τε καὶ ἀναγκασθῆναι, τὸν δὲ λογισμὸν τὰ ὑπὸ ταύτης παρεγγυηθέντα ὕστερον ἐπακριβοῦν καὶ προσεξευρίσκειν ἐν μέν τισι θᾶττον, ἐν δέ τισι βραδύτερον καὶ ἐν μέν τισι περιόδοις καὶ χρόνοις ἀπὸ τῶν ἀπὸ τοῦ ἀπείρου ⟨ἀπορροιῶν ἀπὸ θεῶν πρὸς αὐτοὺς παραγινομένων μείζους ἔχειν ὀνήσεις⟩... ἐν δέ τισι καὶ ἐλάττους. Ὅθεν καὶ τὰ ὀνόματα ἐξ ἀρχῆς μὴ θέσει γενέσθαι, ἀλλ' αὐτὰς τὰς φύσεις τῶν ἀνθρώπων καθ' ἕκαστα ἔθνη ἴδια πασ-

fen und mit deren Teilen, ebenso auch mit den Erregungen und den Ruhephasen, den Bewegungen und Stillständen, indem wir als spezifische zufällige Eigenschaft an ihnen wiederum ebendies Meßkonzept mitdenken, an dem gemessen wir die Bezeichnung »Zeit« gebrauchen.

Zusätzlich zu dem zuvor Gesagten muß man ferner annehmen, daß die Welten und jede begrenzte Atomverbindung, deren Erscheinungsbild mit den beobachteten durchgehend übereinstimmt, aus dem Grenzenlosen entstanden sind, indem all diese Körper, die größeren wie die kleineren, aus je eigenen Zusammenballungen ausgeschieden wurden; des weiteren, daß sich alle wieder auflösen, die einen schneller, die andern langsamer, und zwar so, daß die einen die Wirkung von diesen, die andern von jenen Ursachen erfahren. 74 Ferner muß man annehmen, daß die Welten weder aus Notwendigkeit mit nur einer einzigen Gestaltung ⟨entstanden sind noch mit in jeder Hinsicht völlig verschiedenen.⟩[37] ... Denn auch dies dürfte wohl niemand beweisen können, daß ⟨in⟩ der einen gleichartigen Welt die entsprechenden Samen möglicherweise auch nicht hätten zusammengefaßt werden können, aus denen sich Tiere und Pflanzen und alle übrigen bei uns beobachteten Lebensformationen bilden, daß hingegen in einer anderen gleichartigen Welt dies von vornherein nicht hätte geschehen können.

75 Sodann muß man sich vorstellen: auch die Veranlagung des Menschen ist in vielen und vielfältigen Entwicklungen von den Umständen selbst belehrt und erzwungen worden; das schlußfolgernde Denken hat später die von ihr nahegelegten Entwicklungen im einzelnen entfaltet und darüber hinaus Erfindungen gemacht, in manchen Bereichen schneller, in manchen langsamer, und in einigen Perioden und Zeiten von den aus dem Grenzenlosen ⟨stammenden Abflüssen, die von den Göttern zu den Menschen gelangten, erheblichere Förderungen erfahren,⟩[38] in anderen auch geringere. Dementsprechend – so muß man sich vorstellen – sind auch die Benennungen am Anfang nicht durch Festsetzung entstanden, sondern von sich aus haben die Veranlagungen der Menschen, deren jede gesondert nach dem jeweili-

χούσας πάθη καὶ ἴδια λαμβανούσας φαντάσματα ἰδίως τὸν ἀέρα ἐκπέμπειν στελλόμενον ὑφ' ἑκάστων τῶν παθῶν καὶ τῶν φαντασμάτων, ὡς ἄν ποτε καὶ ἡ παρὰ τοὺς τόπους τῶν ἐθνῶν διαφορὰ εἴη· 76 ὕστερον δὲ κοινῶς καθ' ἕκαστα ἔθνη τὰ ἴδια τεθῆναι πρὸς τὸ τὰς δηλώσεις ἧττον ἀμφιβόλους γενέσθαι ἀλλήλοις καὶ συντομωτέρως δηλουμένας· τινὰ δὲ καὶ οὐ συνορώμενα πράγματα εἰσφέροντας τοὺς συνειδότας παρεγγυῆσαί τινας φθόγγους τοὺς ⟨μὲν⟩ ἀναγκασθέντας ἀναφωνῆσαι, τοὺς δὲ τῷ λογισμῷ ἑλομένους κατὰ τὴν πλείστην αἰτίαν οὕτως ἑρμηνεῦσαι.

Καὶ μὴν ⟨καὶ⟩ἐν τοῖς μετεώροις φορὰν καὶ τροπὴν καὶ ἔκλειψιν καὶ ἀνατολὴν καὶ δύσιν καὶ τὰ σύστοιχα τούτοις μήτε λειτουργοῦντός τινος νομίζειν δεῖ γίνεσθαι καὶ διατάττοντος ἢ διατάξαντος καὶ ἅμα τὴν πᾶσαν μακαριότητα ἔχοντος μετὰ ἀφθαρσίας 77 οὐ γὰρ συμφωνοῦσι πραγματεῖαι καὶ φροντίδες καὶ ὀργαὶ καὶ χάριτες μακαριότητι, ἀλλ' ἐν ἀσθενείᾳ καὶ φόβῳ καὶ προσδεήσει τῶν πλησίον ταῦτα γίνεται – μήτε αὖ πῦρ ἅμα ὄντα συνεστραμμένον τὴν μακαριότητα κεκτημένα κατὰ βούλησιν τὰς κινήσεις ταύτας λαμβάνειν· ἀλλὰ πᾶν τὸ σέμνωνα τηρεῖν κατὰ πάντα ὀνόματα φερόμενα ἐπὶ τὰς τοιαύτας ἐννοίας, ἐὰν μηδ' ὑπεναντίαι ἐξ αὐτῶν ⟨γένωνται⟩ τῷ σεμνώματι δόξαι· εἰ δὲ μή, τὸν μέγιστον τάραχον ἐν ταῖς ψυχαῖς αὐτὴ ἡ ὑπεναντιότης παρασκευάσει. ὅθεν δὴ κατὰ τὰς ἐξ ἀρχῆς ἐναπολήψεις τῶν συστροφῶν τούτων ἐν τῇ τοῦ κόσμου γενέσει δεῖ δοξάζειν καὶ τὴν ἀνάγκην ταύτην καὶ περίοδον συντελεῖσθαι.

78 Καὶ μὴν καὶ ⟨τὸ⟩ τὴν ὑπὲρ τῶν κυριωτάτων αἰτίαν ἐξα-

gen Volk besondere Reize empfängt und besondere Eindrücke erfaßt, auf besondere Art den Luftstrom entsandt, weil er geformt wird von jeweils bestimmenden Reizen und Eindrücken, wie immer die ihren Lebensräumen entsprechende Verschiedenheit der Völker sein mag. 76 Später aber wurden bei dem jeweiligen Volk die besonderen Benennungen gemeinschaftlich festgesetzt, damit ihre gegenseitigen Bekundungen weniger zweideutig und noch knapper gefaßt würden. Auch bestimmte undurchschaute Sachverhalte haben jene, die sie verstanden, vorgetragen und hierfür bestimmte Worte nahegelegt. Die anderen waren so gezwungen, manche Worte immer wieder auszusprechen; manche Worte aber wählten sie im Vollzug des schlußfolgernden Denkens und legten sie auf diesem Wege dem häufigsten Anlaß entsprechend aus.

Ferner: man darf ⟨auch⟩ bei den Himmelserscheinungen nicht annehmen, Bewegung, Richtungswechsel, Verfinsterung, Aufgang und Untergang und die ihnen zugeordneten Vorgänge würden von irgendeinem Wesen gelenkt, das sie einrichtet oder eingerichtet hat und zugleich auch noch die volle Glückseligkeit verbunden mit Unvergänglichkeit besitzen kann.[39] 77 Denn keineswegs harmonieren Alltagsgeschäfte, Sorgen, Wutausbrüche und Gunsterweise mit Glückseligkeit, sondern all dies pflegt bei Schwäche, Angst und Abhängigkeit von der Umwelt aufzutreten. Ebensowenig darf man annehmen, die Himmelserscheinungen, die zugleich zusammengeballtes Feuer sind, besäßen die Glückseligkeit und nähmen aus freiem Willen die bekannten Bewegungen an. Vielmehr muß man ihre volle Würde wahren bei allen Benennungen, die man für derartige Gedanken verwendet, sofern nicht aus ihnen etwa ihrer Würde widersprechende Vermutungen ⟨entstehen.⟩ Sonst wird die Widersprüchlichkeit von selbst die größte Erschütterung in den Seelen hervorrufen. Daher muß man schließlich vermuten, daß infolge der anfänglichen Wirbel, die diese Zusammenballungen bei der Entstehung der Welt auffingen, sich auch die bekannte Gesetzlichkeit des Gestirnumlaufs herausbildete.

78 Ferner: es ist ⟨die⟩ Aufgabe der Naturforschung – so muß

κριβῶσαι φυσιολογίας ἔργον εἶναι δεῖ νομίζειν, καὶ τὸ μακάριον ἐν τῇ περὶ μετεώρων γνώσει ἐνταῦθα πεπτωκέναι καὶ ἐν τῷ τίνες φύσεις αἱ θεωρούμεναι κατὰ τὰ μετέωρα ταυτί, καὶ ὅσα συγγενῆ πρὸς τὴν εἰς τοῦτο ἀκρίβειαν· ἔτι τε οὐ τὸ πλεοναχῶς ἐν τοῖς τοιούτοις εἶναι καὶ τὸ ἐνδεχόμενον καὶ ἄλλως πως ἔχειν, ἀλλ᾽ ἁπλῶς μὴ εἶναι ἐν ἀφθάρτῳ καὶ μακαρίᾳ φύσει τῶν διάκρισιν ὑποβαλλόντων ἢ τάραχον μηθέν. καὶ τοῦτο καταλαβεῖν τῇ διανοίᾳ ἔστιν ἁπλῶς εἶναι: **79** τὸ δ᾽ ἐν τῇ ἱστορίᾳ πεπτωκὸς τῆς δύσεως καὶ ἀνατολῆς καὶ τροπῆς καὶ ἐκλείψεως καὶ ὅσα συγγενῆ τούτοις μηθὲν ἔτι πρὸς τὸ μακάριον τῆς γνώσεως συντείνειν ἀλλ᾽ ὁμοίως τοὺς φόβους ἔχειν τοὺς ταῦτα κατιδόντας, τίνες δ᾽ αἱ φύσεις ἀγνοοῦντας καὶ τίνες αἱ κυριώταται αἰτίαι, καὶ εἰ μὴ προσῄδεσαν ταῦτα· τάχα δὲ καὶ πλείους, ὅταν τὸ θάμβος ἐκ τῆς τούτων προσκατανοήσεως μὴ δύνηται τὴν λύσιν λαμβάνειν κατὰ τὴν περὶ τῶν κυριωτάτων οἰκονομίαν. διὸ δὴ καὶ πλείους αἰτίας εὑρίσκομεν τροπῶν καὶ δύσεων καὶ ἀνατολῶν καὶ ἐκλείψεων καὶ τῶν τοιουτοτρόπων ὥσπερ καὶ ἐν τοῖς κατὰ μέρος γινομένοις, **80** καὶ οὐ δεῖ νομίζειν τὴν ὑπὲρ τούτων χρείαν ἀκρίβειαν μὴ ἀπειληφέναι, ὅση πρὸς τὸ ἀτάραχον καὶ μακάριον ἡμῶν συντείνει. ὥστε παραθεωροῦντας ποσαχῶς παρ᾽ ἡμῖν τὸ ὅμοιον γίνεται, αἰτιολογητέον ὑπέρ τε τῶν μετεώρων καὶ παντὸς τοῦ ἀδήλου, καταφρονοῦντας τῶν οὔτε ⟨τὸ⟩ μοναχῶς ἔχον ἢ γινόμενον γνωριζόντων οὔτε τὸ πλεοναχῶς συμβαῖνον, τὴν ⟨τ᾽⟩ ἐκ τῶν ἀποστημάτων φαντασίαν παραδιδόντων,

man annehmen –, den Ursachenzusammenhang für die entscheidendsten Gesetzmäßigkeiten genau zu erklären; die Glückseligkeit bei der Untersuchung der Himmelserscheinungen fällt ebendamit zusammen und mit der Einsicht, welches die an diesen Himmelserscheinungen beobachteten Gesetzmäßigkeiten sind und was sonst alles dazu gehört im Hinblick auf die für diesen Zweck gebotene Genauigkeit. Des weiteren gelten in dergleichen Zusammenhängen die Ausdrücke »in mehrfacher Weise« und »es kann sich auch irgendwie anders verhalten« nicht; vielmehr gilt für ein unvergängliches und glückseliges Wesen schlechthin nichts von dem, was Zwiespalt oder Erschütterung hervorruft: daß dies schlechthin gilt, läßt sich mit dem Verstand erfassen. 79 Was aber unter die bloße Tatsachenerkundung fällt – von Untergang und Aufgang, Richtungswechsel und Verfinsterung und dem, was sonst dazu gehört –, trägt nichts mehr zu der Glückseligkeit der Erkenntnis bei; vielmehr haben diejenigen ebenso Ängste, die diese Vorgänge gesehen haben, aber nicht wissen, welches die Gesetzmäßigkeiten und welches die entscheidendsten Ursachen sind, wie wenn sie diese Vorgänge nicht kennten. Vielleicht haben sie sogar noch mehr Ängste, sooft die Beklemmung wegen des Aufmerkens auf diese Vorgänge keine Lösung durch die Beherrschung der entscheidendsten Gesetzmäßigkeiten finden kann. Deshalb dürfen wir, selbst wenn wir mehrere Ursachen finden für die Richtungswechsel, Untergänge und Aufgänge, Verfinsterungen und dergleichen Vorgänge – wie es auch bei den Teilvorgängen der Fall war –, 80 nicht glauben, wir hätten den für diese Vorgänge nötigen Genauigkeitsgrad nicht insoweit erlangt, wie er zu unserer Unerschütterlichkeit und Glückseligkeit beiträgt. Daher müssen wir daraus, daß wir vergleichend beobachten, in wie vielfältiger Weise sich bei uns der ähnliche Fall ereignet, Ursachen ableiten für die Himmelserscheinungen und einen jeden sinnlich unfaßbaren Zusammenhang. Deswegen verachten wir jene, die weder ⟨das,⟩ was sich ausschließlich auf eindeutige Weise verhält oder ereignet, erkennen noch das, was auf vielfältige Weise auftritt; auch jene, welche die aus den Abständen

ἔτι τε ἀγνοοῦντων καὶ ἐν ποίοις οὐκ ἔστιν ἀταρακτῆσαι ⟨καὶ ἐν ποίοις ὁμοίως ἀταρακτῆσαι⟩. ἂν οὖν οἰώμεθα καὶ ὡδί πως ἐνδεχόμενον αὐτὸ γίνεσθαι, αὐτὸ τὸ ὅτι πλεοναχῶς γίνεται γνωρίζοντες, ὥσπερ κἂν ὅτι ὡδί πως γίνεται εἰδῶμεν, ἀταρακτήσομεν. 81 Ἐπὶ δὲ τούτοις ὅλως ἅπασιν ἐκεῖνο δεῖ κατανοεῖν, ὅτι τάραχος ὁ κυριώτατος ταῖς ἀνθρωπίναις ψυχαῖς γίνεται ἐν τῷ ταὐτὰ μακάριά τε δοξάζειν καὶ ἄφθαρτα καὶ ὑπεναντίας ἔχειν τούτοις ἅμα βουλήσεις καὶ πράξεις καὶ αἰτίας, καὶ ἐν τῷ αἰώνιόν τι δεινὸν ἢ προσδοκᾶν ἢ ὑποπτεύειν κατὰ τοὺς μύθους, εἴτε καὶ αὐτὴν τὴν ἀναισθησίαν τὴν ἐν τῷ τεθνάναι φοβουμένους ὥσπερ οὖσαν κατ' αὐτούς, καὶ ἐν τῷ μὴ δόξαις ταῦτα πάσχειν ἀλλ' ἀλόγῳ γέ τινι παραστάσει, ὅθεν μὴ ὁρίζοντας τὸ δεινὸν τὴν ἴσην ἢ καὶ ἐπιτεταμένην ταραχὴν λαμβάνειν τῷ εἰ καὶ ἐδόξαζον ταῦτα· 82 ἡ δὲ ἀταραξία τῷ τούτων πάντων ἀπολελύσθαι καὶ συνεχῆ μνήμην ἔχειν τῶν ὅλων καὶ κυριωτάτων. Ὅθεν τοῖς πάθεσι προσεκτέον τοῖς παροῦσι καὶ ταῖς αἰσθήσεσι, κατὰ μὲν τὸ κοινὸν ταῖς κοιναῖς, κατὰ δὲ τὸ ἴδιον ταῖς ἰδίαις, καὶ πάσῃ τῇ παρούσῃ καθ' ἕκαστον τῶν κριτηρίων ἐναργείᾳ· ἂν γὰρ τούτοις προσέχωμεν, τὸ ὅθεν ὁ τάραχος καὶ ὁ φόβος ἐγίνετο ἐξαιτιολογήσομεν ὀρθῶς καὶ ἀπολύσομεν, ὑπέρ τε μετεώρων αἰτιολογοῦντες καὶ τῶν λοιπῶν τῶν ἀεὶ παρεμπιπτόντων, ὅσα φοβεῖ τοὺς λοιποὺς ἐσχάτως.

Ταῦτά σοι, ὦ Ἡρόδοτε, ἔστι ⟨τὰ⟩ κεφαλαιωδέστατα ὑπὲρ

gewonnene Anschauung nur weiterberichten und zudem nicht wissen, in welchen Zusammenhängen es nicht möglich ist, unerschütterlich zu werden, ⟨und in welchen, entsprechend unerschütterlich zu werden.⟩ Sooft wir schließlich glauben, der Vorgang könne sich ungefähr auf diese Weise ereignen, weil wir ebendies, daß er sich auf vielfältige Weise ereignet, erkennen, werden wir ebenso unerschütterlich sein, wie wenn wir wissen, daß er sich auf diese bestimmte Weise ereignet. **81** Zu alledem muß man jenes bedenken: die entscheidendste Erschütterung für die menschlichen Seelen entsteht dadurch, daß man vermutet, dieselben Wesen seien glückselig und unvergänglich und hätten zugleich dem widersprechende Absichten, Handlungsweisen und Motive; ebenso dadurch, daß man einen ewigen Schrecken immerzu erwartet oder doch argwöhnt infolge der Mythen oder auch – weil man sich schon allein vor der Empfindungslosigkeit im Totsein ängstigt, als beträfe sie die Menschen; ebenso dadurch, daß es ihnen nicht aufgrund bloßer Vermutungen widerfährt, sondern wegen eines bestimmten unbegründeten Wahns, woher sie, wenn sie die Schreckensvision nicht eingrenzen, die gleiche oder eine noch tiefgreifendere Erschütterung erfahren, wie wenn sie dies nur vermutet hätten. **82** Die Unerschütterlichkeit dagegen besteht darin, von alledem losgelöst zu sein und eine beständige Erinnerung zu bewahren an die allumfassenden und entscheidendsten Gesetzmäßigkeiten. Daher muß man auf die unmittelbaren Reizempfindungen und Wahrnehmungen achten – nach der allen Menschen gemeinsamen Erfahrung auf die gemeinsamen, nach der eigenen auf die eigenen – und auf die volle, nach der jeweiligen Urteilsinstanz unmittelbar einleuchtende Gewißheit. Denn sooft wir darauf achten, werden wir daraus die Ursachen, woher die Erschütterung und die Angst entstanden sind, richtig ableiten und uns von ihnen loslösen, indem wir Ursachen für die Himmelserscheinungen ableiten und die übrigen, mit ihnen jeweils zusammenfallenden Vorgänge, d. h. all das, was die übrigen Menschen aufs äußerste ängstigt.

Dies, mein Herodot, sind ⟨die⟩ hauptsächlichsten Kapitel über

τῆς τῶν ὅλων φύσεως ἐπιτετμημένα. 83 ὥστ' ἐὰν γένηται οὗτος ὁ λόγος δυνατός κατασχεθῆναι μετ' ἀκριβείας, οἶμαι, ἐὰν μὴ καὶ πρὸς ἅπαντα βαδίσῃ τις τῶν κατὰ μέρος ἀκριβωμάτων, ἀσύμβλητον αὐτὸν πρὸς τοὺς λοιποὺς ἀνθρώπους ἁδρότητα λήψεσθαι. καὶ γὰρ καὶ καθαρὰ ἀφ' ἑαυτοῦ ποιήσει πολλὰ τῶν κατὰ μέρος ἐξακριβουμένων κατὰ τὴν ὅλην πραγματείαν ἡμῖν, καὶ αὐτὰ ταῦτα ἐν μνήμῃ τιθέμενα συνεχῶς βοηθήσει. τοιαῦτα γάρ ἐστιν, ὥστε καὶ τοὺς κατὰ μέρος ἤδη ἐξακριβοῦντας ἱκανῶς ἢ καὶ τελείως εἰς τὰς τοιαύτας ἀναλύοντας ἐπιβολὰς τὰς πλείστας τῶν περιοδειῶν ὑπὲρ τῆς ὅλης φύσεως ποιεῖσθαι· ὅσοι δὲ μὴ παντελῶς αὐτῶν τῶν ἀποτελουμένων εἰσίν, ἐκ τούτων εἰσὶν οἵ κατὰ τὸν ἄνευ φθόγγων τρόπον τὴν ἅμα νοήματι περίοδον τῶν κυριωτάτων πρὸς γαληνισμὸν ποιοῦνται.

1.2.

Ἐπίκουρος Μενοικεῖ χαίρειν.

122 Μήτε νέος τις ὢν μελλέτω φιλοσοφεῖν, μήτε γέρων ὑπάρχων κοπιάτω φιλοσοφῶν. οὔτε γὰρ ἄωρος οὐδείς ἐστιν οὔτε πάρωρος πρὸς τὸ κατὰ ψυχὴν ὑγιαῖνον. ὁ δὲ λέγων ἢ μήπω τοῦ φιλοσοφεῖν ὑπάρχειν ὥραν ἢ παρεληλυθέναι τὴν ὥραν, ὅμοιός ἐστιν τῷ λέγοντι πρὸς εὐδαιμονίαν ἢ μὴ παρεῖναι τὴν ὥραν ἢ μηκέτ' εἶναι. ὥστε φιλοσοφητέον καὶ νέῳ καὶ γέροντι, τῷ μὲν ὅπως γηράσκων νεάζῃ τοῖς ἀγαθοῖς διὰ τὴν χάριν τῶν γεγονότων, τῷ δὲ ὅπως νέος ἅμα καὶ παλαιὸς ᾖ

die Struktur der allumfassenden Gesetzmäßigkeiten, die für dich zum Aufriß zusammengefaßt sind. 83 Wenn sich daher dieser Begründungszusammenhang als fähig erweist, mit Genauigkeit festgehalten zu werden, so wird mancher, wie ich meine, auch wenn er nicht zu allen genauen Einzelerklärungen fortschreitet, dennoch eine unvergleichliche Überzeugungskraft gegenüber den übrigen Menschen gewinnen. Denn er wird schon von sich aus vieles von dem klar darstellen, was durch das vollständige System von uns im einzelnen genau erklärt wird; und wenn er allein diese Kapitel ständig in Erinnerung ruft, so werden bereits sie ihm helfen. Denn sie sind so angelegt, daß gerade jene, die schon zureichend im einzelnen genau erklären oder sogar vollkommen in die entsprechenden Zugriffe auflösen können, die meisten Untersuchungen über die Allgesetzlichkeit durchzuführen vermögen. Was aber all jene angeht, die nicht ganz und gar zu den vollendeten Forschern gehören: von diesen können manche ohne die Vermittlungsweise des gesprochenen Wortes den gedankenschnellen Durchgang durch die entscheidendsten Gesetzmäßigkeiten vollenden, der sie zu heiterer Gelassenheit führt.

1.2. Brief an Menoikeus

Epikur wünscht dem Menoikeus Glück.

122 Weder soll, wer noch ein Jüngling ist, zögern zu philosophieren, noch soll, wer schon Greis geworden, ermatten im Philosophieren. Denn weder ist jemand zu unerwachsen noch bereits entwachsen im Blick auf das, was in der Seele gesunden läßt. Wer aber sagt, zum Philosophieren sei noch nicht das rechte Alter, oder, vorübergegangen sei das rechte Alter, ist dem ähnlich, der sagt, für das Glück sei das rechte Alter noch nicht da oder nicht mehr da. Philosophieren also muß der Jüngling wie der Greis, der eine, um alternd jugendfrisch zu bleiben an seinen Gütern aus Dankbarkeit für das Vergangene, der andere, um zugleich jung und altersweise zu sein aus mangelnder Furcht

διὰ τὴν ἀφοβίαν τῶν μελλόντων· μελετᾶν οὖν χρὴ τὰ ποιοῦντα τὴν εὐδαιμονίαν, εἴπερ παρούσης μὲν αὐτῆς πάντα ἔχομεν, ἀπούσης δὲ πάντα πράττομεν εἰς τὸ ταύτην ἔχειν.
123 Ἃ δέ σοι συνεχῶς παρήγγελλον, ταῦτα καὶ πρᾶττε καὶ μελέτα, στοιχεῖα τοῦ καλῶς ζῆν ταῦτ' εἶναι διαλαμβάνων. Πρῶτον μὲν τὸν θεὸν ζῷον ἄφθαρτον καὶ μακάριον νομίζων, ὡς ἡ κοινὴ τοῦ θεοῦ νόησις ὑπεγράφη, μηθὲν μήτε τῆς ἀφθαρσίας ἀλλότριον μήτε τῆς μακαριότητος ἀνοίκειον αὐτῷ πρόσαπτε· πᾶν δὲ τὸ φυλάττειν αὐτοῦ δυνάμενον τὴν μετὰ ἀφθαρσίας μακαριότητα περὶ αὐτὸν δόξαζε. θεοὶ μὲν γὰρ εἰσίν· ἐναργὴς γὰρ αὐτῶν ἐστιν ἡ γνῶσις· οἵους δ' αὐτοὺς ⟨οἱ⟩ πολλοὶ νομίζουσιν, οὐκ εἰσίν· οὐ γὰρ φυλάττουσιν αὐτοὺς οἵους νομίζουσιν. ἀσεβὴς δὲ οὐχ ὁ τοὺς τῶν πολλῶν θεοὺς ἀναιρῶν, ἀλλ' ὁ τὰς τῶν πολλῶν δόξας θεοῖς προσάπτων. 124 οὐ γὰρ προλήψεις εἰσὶν ἀλλ' ὑπολήψεις ψευδεῖς αἱ τῶν πολλῶν ὑπὲρ θεῶν ἀποφάσεις. ἔνθεν αἱ μέγισται βλάβαι ἐκ θεῶν ἐπάγονται καὶ ὠφέλειαι ⟨τοῖς ἀγαθοῖς.⟩ ταῖς γὰρ ἰδίαις οἰκειούμενοι διὰ παντὸς ἀρεταῖς τοὺς ὁμοίους ἀποδέχονται, πᾶν τὸ μὴ τοιοῦτον ὡς ἀλλότριον νομίζοντες.
Συνέθιζε δὲ ἐν τῷ νομίζειν μηδὲν πρὸς ἡμᾶς εἶναι τὸν θάνατον· ἐπεὶ πᾶν ἀγαθὸν καὶ κακὸν ἐν αἰσθήσει· στέρησις δέ ἐστιν αἰσθήσεως ὁ θάνατος. ὅθεν γνῶσις ὀρθὴ τοῦ μηθὲν εἶναι πρὸς ἡμᾶς τὸν θάνατον ἀπολαυστὸν ποιεῖ τὸ τῆς ζωῆς θνητόν, οὐκ ἄπειρον προστιθεῖσα χρόνον, ἀλλὰ τὸν τῆς ἀθανασίας ἀφελομένη πόθον. 125 οὐθὲν γάρ ἐστιν ἐν τῷ ζῆν δεινὸν τῷ κατειληφότι γνησίως τὸ μηδὲν ὑπάρχειν ἐν τῷ μὴ ζῆν δεινόν. ὥστε μάταιος ὁ λέγων δεδιέναι τὸν θάνατον οὐχ ὅτι λυπήσει παρών, ἀλλ' ὅτι λυπεῖ μέλλων. ὃ γὰρ παρὸν οὐκ

vor dem Künftigen. Zu beherzigen gilt es denn, was das Glück verschafft; denn ist es anwesend, haben wir alles, ist es abwesend, tun wir alles, damit wir es haben.

123 Wozu ich dich beständig mahnte, dies tu und übe ein, weil du darin die Elemente des vollkommenen Lebens klar erfaßt. Zuallererst: wenn du die Gottheit für ein unvergängliches und glückseliges Wesen hältst, wie die allgemeine Anschauung der Gottheit vorgeprägt wurde, dann hänge ihr nichts an, was ihrer Unvergänglichkeit fremd oder mit ihrer Glückseligkeit unvereinbar ist. Vermute dagegen alles über sie, was ihre mit Unvergänglichkeit verbundene Glückseligkeit unversehrt zu bewahren vermag. Denn Götter gibt es tatsächlich: unmittelbar einleuchtend[1] ist deren Erkenntnis. Wofür sie jedoch die Masse hält, so geartet sind sie nicht. Denn sie bewahrt dabei gerade das nicht unversehrt, wofür sie sie eigentlich hält. Ehrfurchtslos aber ist nicht der, der die Götter der Masse abschafft, sondern der, der die Vermutungen der Masse den Göttern anhängt. **124** Denn nicht unmittelbare Vor-Begriffe[2], sondern trügerische Vorstellungen bilden die Urteile der Masse über die Götter. Daher kommt es, daß der größte Schaden von seiten der Götter ebenso durch die schlechten Menschen herbeigeführt wird wie der größte Nutzen ⟨durch die guten.⟩ Denn indem die Menschen sie ihren eigenen Vorzügen ganz und gar angleichen, entdecken sie nur ihnen ähnliche Wesen wieder, weil sie alles, was nicht gleichartig ist, für fremd halten.[3]

Gewöhne dich ferner daran zu glauben, der Tod sei nichts, was uns betrifft. Denn alles Gute und Schlimme ist nur in der Empfindung gegeben; der Tod aber ist die Vernichtung der Empfindung. Daher macht die richtige Erkenntnis – der Tod sei nichts, was uns betrifft – die Sterblichkeit des Lebens erst genußfähig, weil sie nicht eine unendliche Zeit hinzufügt, sondern die Sehnsucht nach der Unsterblichkeit von uns nimmt. **125** Denn es gibt nichts Schreckliches im Leben für den, der im vollen Sinne erfaßt hat, daß nichts Schreckliches im Nicht-Leben liegt. Darum schwätzt der, der sagt, er fürchte den Tod nicht, weil er ihn bedrücken wird, wenn er da ist, sondern weil er ihn jetzt

ἐνοχλεῖ, προσδοκώμενον κενῶς λυπεῖ. τὸ φρικωδέστατον οὖν τῶν κακῶν ὁ θάνατος οὐθὲν πρὸς ἡμᾶς, ἐπειδήπερ ὅταν μὲν ἡμεῖς ὦμεν, ὁ θάνατος οὐ πάρεστιν, ὅταν δὲ ὁ θάνατος παρῇ, τόθ' ἡμεῖς οὐκ ἐσμέν. οὔτε οὖν πρὸς τοὺς ζῶντάς ἐστιν οὔτε πρὸς τοὺς τετελευτηκότας, ἐπειδήπερ περὶ οὓς μὲν οὐκ ἔστιν, οἳ δ' οὐκέτ' εἰσίν. Ἀλλ' οἱ πολλοὶ τὸν θάνατον ὁτὲ μὲν ὡς μέγιστον τῶν κακῶν φεύγουσιν, ὁτὲ δὲ ὡς ἀνάπαυσιν τῶν ἐν τῷ ζῆν ⟨κακῶν ποθοῦσιν. ὁ δὲ σοφὸς οὔτε παραιτεῖται τὸ ζῆν⟩ 126 οὔτε φοβεῖται τὸ μὴ ζῆν· οὔτε γὰρ αὐτῷ προσίσταται τὸ ζῆν οὔτε δοξάζεται κακὸν εἶναί τι τὸ μὴ ζῆν. ὥσπερ δὲ τὸ σιτίον οὐ τὸ πλεῖστον πάντως ἀλλὰ τὸ ἥδιστον αἱρεῖται, οὕτω καὶ χρόνον οὐ τὸν μήκιστον ἀλλὰ τὸν ἥδιστον καρπίζεται. Ὁ δέ παραγγέλλων τὸν μὲν νέον καλῶς ζῆν, τὸν δὲ γέροντα καλῶς καταστρέφειν, εὐήθης ἐστὶν οὐ μόνον διὰ τὸ τῆς ζωῆς ἀσπαστόν, ἀλλὰ καὶ διὰ τὸ τὴν αὐτὴν εἶναι μελέτην τοῦ καλῶς ζῆν καὶ τοῦ καλῶς ἀποθνῄσκειν. πολὺ δὲ χείρων καὶ ὁ λέγων· καλὸν μὴ φῦναι,

φύντα δ' ὅπως ὤκιστα πύλας Ἀίδαο περῆσαι.

127 εἰ μὲν γὰρ πεποιθὼς τοῦτό φησιν, πῶς οὐκ ἀπέρχεται ἐκ τοῦ ζῆν; ἐν ἑτοίμῳ γάρ αὐτῷ τοῦτ' ἐστίν, εἴπερ ἦν βεβουλευμένον αὐτῷ βεβαίως· εἰ δὲ μωκώμενος, μάταιος ἐν τοῖς οὐκ ἐπιδεχομένοις.

Μνημονευτέον δὲ ὡς τὸ μέλλον οὔτε πάντως ἡμέτερον οὔτε πάντως οὐχ ἡμέτερον, ἵνα μήτε πάντως προσμένωμεν ὡς ἐσόμενον μήτε ἀπελπίζωμεν ὡς πάντως οὐκ ἐσόμενον.

Ἀναλογιστέον δὲ ὡς τῶν ἐπιθυμιῶν αἱ μέν εἰσι φυσικαί, αἱ δὲ κεναί, καὶ τῶν φυσικῶν αἱ μὲν ἀναγκαῖαι, αἱ δὲ φυσικαὶ

bedrückt, wenn er noch aussteht. Denn was uns, wenn es da ist, nicht bedrängt, kann uns, wenn es erwartet wird, nur sinnlos bedrücken. Das Schauererregendste aller Übel, der Tod, betrifft uns überhaupt nicht; wenn »wir« sind, ist der Tod nicht da; wenn der Tod da ist, sind »wir« nicht. Er betrifft also weder die Lebenden noch die Gestorbenen, da er ja für die einen nicht da ist, die andern aber nicht mehr für ihn da sind. Doch die Masse flieht bisweilen den Tod als das größte aller Übel, bisweilen ⟨ersehnt sie⟩ ihn als Erholung von allen ⟨Übeln⟩ im Leben. ⟨Der Weise indes weist weder das Leben zurück⟩, **126** noch fürchtet er das Nicht-Leben; denn weder ist ihm das Leben zuwider, noch vermutet er, das Nicht-Leben sei ein Übel. Wie er als Speise nicht in jedem Fall die größere, sondern die am meisten lustspendende vorzieht, so schöpft er auch nicht eine möglichst lange, sondern eine möglichst lustspendende Zeit aus. Wer nun mahnt, der Jüngling solle vollendet leben, der Greis vollendet scheiden, der ist naiv, nicht nur wegen der Annehmlichkeit des Lebens, sondern auch, weil das Einüben des vollkommenen Lebens und des vollkommenen Sterbens ein und dasselbe ist. Noch weit minderwertiger ist der, der sagt, es sei gut, nicht geboren zu sein,

> »einmal geboren, dann schleunigst des Hades Tor zu durchmessen«.[4]

127 Denn wenn er darauf vertraut und es deshalb behauptet: warum scheidet er dann nicht aus dem Leben? Das steht ihm ja frei, wenn es doch von ihm unumstößlich geplant war. Wenn er aber bloß spottet, so ist er ein Schwätzer unter jenen, die dies nicht zugeben.

Wir müssen uns ferner daran erinnern, daß das Künftige weder ganz und gar in unserer Macht liegt noch ganz und gar nicht in unserer Macht: wir wollen weder erwarten, daß das Künftige ganz und gar so kommen wird, noch davor verzweifeln, daß es ganz und gar nicht so kommen wird.

Wir müssen ferner berücksichtigen, daß die Begierden zum einen anlagebedingt, zum andern ziellos sind. Und zwar sind von

μόνον· τῶν δὲ ἀναγκαίων αἱ μὲν πρὸς εὐδαιμονίαν εἰσὶν ἀναγκαῖαι, αἱ δὲ πρὸς τὴν τοῦ σώματος ἀοχλησίαν, αἱ δὲ πρὸς αὐτὸ τὸ ζῆν. 128 τούτων γὰρ ἀπλανὴς θεωρία πᾶσαν αἵρεσιν καὶ φυγὴν ἐπανάγειν οἶδεν ἐπὶ τὴν τοῦ σώματος ὑγίειαν καὶ τὴν τῆς ψυχῆς ἀταραξίαν, ἐπεὶ τοῦτο τοῦ μακαρίως ζῆν ἐστι τέλος. τούτου γὰρ χάριν πάντα πράττομεν, ὅπως μήτε ἀλγῶμεν μήτε ταρβῶμεν. ὅταν δὲ ἅπαξ τοῦτο περὶ ἡμᾶς γένηται, λύεται πᾶς ὁ τῆς ψυχῆς χειμών, οὐκ ἔχοντος τοῦ ζῴου βαδίζειν ὡς πρὸς ἐνδέον τι καὶ ζητεῖν ἕτερον ᾧ τὸ τῆς ψυχῆς καὶ τοῦ σώματος ἀγαθὸν συμπληρώσεται. τότε γὰρ ἡδονῆς χρείαν ἔχομεν, ὅταν ἐκ τοῦ μὴ παρεῖναι τὴν ἡδονὴν ἀλγῶμεν· ⟨ὅταν δὲ μὴ ἀλγῶμεν⟩ οὐκέτι τῆς ἡδονῆς δεόμεθα.

Καὶ διὰ τοῦτο τὴν ἡδονὴν ἀρχὴν καὶ τέλος λέγομεν εἶναι τοῦ μακαρίως ζῆν. 129 ταύτην γὰρ ἀγαθὸν πρῶτον καὶ συγγενικὸν ἔγνωμεν, καὶ ἀπὸ ταύτης καταρχόμεθα πάσης αἱρέσεως καὶ φυγῆς, καὶ ἐπὶ ταύτην καταντῶμεν ὡς κανόνι τῷ πάθει πᾶν ἀγαθὸν κρίνοντες. Καὶ ἐπεὶ πρῶτον ἀγαθὸν τοῦτο καὶ σύμφυτον, διὰ τοῦτο καὶ οὐ πᾶσαν ἡδονὴν αἱρούμεθα, ἀλλ' ἔστιν ὅτε πολλὰς ἡδονὰς ὑπερβαίνομεν, ὅταν πλεῖον ἡμῖν τὸ δυσχερὲς ἐκ τούτων ἕπηται· καὶ πολλὰς ἀλγηδόνας ἡδονῶν κρείττους νομίζομεν, ἐπειδὰν μείζων ἡμῖν ἡδονὴ παρακολουθῇ πολὺν χρόνον ὑπομείνασι τὰς ἀλγηδόνας. πᾶσα οὖν ἡδονὴ διὰ τὸ φύσιν ἔχειν οἰκείαν ἀγαθόν, οὐ πᾶσα μέντοι αἱρετή· καθάπερ καὶ ἀλγηδὼν πᾶσα κακόν, οὐ πᾶσα δὲ ἀεὶ φευκτὴ πεφυκυῖα. 130 τῇ μέντοι συμμετρήσει καὶ συμφερόντων καὶ ἀσυμφόρων βλέψει ταῦτα πάντα κρίνειν καθήκει. χρώμεθα γάρ τῷ μέν ἀγαθῷ κατά τινας χρόνους ὡς κακῷ, τῷ δὲ κακῷ τοὔμπαλιν ὡς ἀγαθῷ.

den anlagebedingten die einen notwendig, die andern nur anlagebedingt; von den notwendigen wiederum sind die einen zum Glück notwendig, die andern zur Störungsfreiheit des Körpers, die dritten zum bloßen Leben. **128** Denn eine unbeirrte Beobachtung dieser Zusammenhänge weiß ein jedes Wählen und Meiden zurückzuführen auf die Gesundheit des Körpers und die Unerschütterlichkeit der Seele: denn dies ist das Ziel des glückseligen Lebens. Um dessentwillen tun wir ja alles, damit wir weder Schmerz noch Unruhe empfinden. Sooft dies einmal an uns geschieht, legt sich der ganze Sturm der Seele, weil das Lebewesen nicht imstande ist, weiterzugehen wie auf der Suche nach etwas, was ihm mangelt, und etwas anderes zu erstreben, wodurch sich das Wohlbefinden der Seele und des Körpers erfüllen würde. Denn nur dann haben wir ein Bedürfnis nach Lust, wenn wir deswegen, weil uns die Lust fehlt, Schmerz empfinden; ⟨wenn wir aber keinen Schmerz empfinden⟩, bedürfen wir auch der Lust nicht mehr.

Gerade deshalb ist die Lust, wie wir sagen, Ursprung und Ziel des glückseligen Lebens. **129** Denn sie haben wir als erstes und angeborenes Gut erkannt, und von ihr aus beginnen wir mit jedem Wählen und Meiden, und auf sie gehen wir zurück, indem wir wie mit einem Richtscheit mit der Empfindung ein jedes Gut beurteilen. Und gerade weil dies das erste und in uns angelegte Gut ist, deswegen wählen wir auch nicht jede Lust, sondern bisweilen übergehen wir zahlreiche Lustempfindungen, sooft uns ein übermäßiges Unbehagen daraus erwächst. Sogar zahlreiche Schmerzen halten wir für wichtiger als Lustempfindungen, wenn uns eine größere Lust darauf folgt, daß wir lange Zeit die Schmerzen ertragen haben. Jede Lust also ist, weil sie eine verwandte Anlage hat, ein Gut, jedoch nicht jede ist wählenswert; wie ja auch jeder Schmerz ein Übel ist, aber nicht jeder ist in sich so angelegt, daß er immer vermeidenswert wäre. **130** Doch durch vergleichendes Messen und den Blick auf Zuträgliches und Unzuträgliches ist dies alles zu beurteilen. Denn wir verfahren mit dem Gut zu bestimmten Zeiten wie mit einem Übel, mit dem Übel ein andermal wie mit einem Gut.

Καὶ τὴν αὐτάρκειαν δὲ ἀγαθὸν μέγα νομίζομεν, οὐχ ἵνα πάντως τοῖς ὀλίγοις χρώμεθα, ἀλλ' ὅπως, ἐὰν μὴ ἔχωμεν τὰ πολλά, τοῖς ὀλίγοις ἀρκώμεθα, πεπεισμένοι γνησίως ὅτι ἥδιστα πολυτελείας ἀπολαύουσιν οἱ ἥκιστα ταύτης δεόμενοι, καὶ ὅτι τὸ μὲν φυσικὸν πᾶν εὐπόριστόν ἐστι, τὸ δὲ κενὸν δυσπόριστον, οἵ τε λιτοὶ χυλοὶ ἴσην πολυτελεῖ διαίτῃ τὴν ἡδονὴν ἐπιφέρουσιν, ὅταν ἅπαν τὸ ἀλγοῦν κατ' ἔνδειαν ἐξαιρεθῇ, 131 καὶ μᾶζα καὶ ὕδωρ τὴν ἀκροτάτην ἀποδίδωσιν ἡδονήν, ἐπειδὰν ἐνδέων τις αὐτὰ προσενέγκηται. τὸ συνεθίζειν οὖν ἐν ταῖς ἁπλαῖς καὶ οὐ πολυτελέσι διαίταις καὶ ὑγιείας ἐστὶ συμπληρωτικὸν καὶ πρὸς τὰς ἀναγκαίας τοῦ βίου χρήσεις ἄοκνον ποιεῖ τὸν ἄνθρωπον καὶ τοῖς πολυτελέσιν ἐκ διαλειμμάτων προσερχομένοις κρεῖττον ἡμᾶς διατίθησι καὶ πρὸς τὴν τύχην ἀφόβους παρασκευάζει.

Ὅταν οὖν λέγωμεν ἡδονὴν τέλος ὑπάρχειν, οὐ τὰς τῶν ἀσώτων ἡδονὰς καὶ τὰς ἐν ἀπολαύσει κειμένας λέγομεν, ὥς τινες ἀγνοοῦντες καὶ οὐχ ὁμολογοῦντες ἢ κακῶς ἐκδεχόμενοι νομίζουσιν, ἀλλὰ τὸ μήτε ἀλγεῖν κατὰ σῶμα μήτε ταράττεσθαι κατὰ ψυχήν. 132 οὐ γὰρ πότοι καὶ κῶμοι συνείροντες οὐδ' ἀπολαύσεις παίδων καὶ γυναικῶν οὐδ' ἰχθύων καὶ τῶν ἄλλων ὅσα φέρει πολυτελὴς τράπεζα, τὸν ἡδὺν γεννᾷ βίον, ἀλλὰ νήφων λογισμὸς καὶ τὰς αἰτίας ἐξερευνῶν πάσης αἱρέσεως καὶ φυγῆς καὶ τὰς δόξας ἐξελαύνων, ἐξ ὧν πλεῖστος τὰς ψυχὰς καταλαμβάνει θόρυβος.

Τούτων δὲ πάντων ἀρχὴ καὶ τὸ μέγιστον ἀγαθὸν φρόνησις. διὸ καὶ φιλοσοφίας τιμιώτερον ὑπάρχει φρόνησις, ἐξ ἧς αἱ λοιπαὶ πᾶσαι πεφύκασιν ἀρεταί, διδάσκουσα ὡς οὐκ ἔστιν ἡδέως ζῆν ἄνευ τοῦ φρονίμως καὶ καλῶς καὶ δικαίως, ⟨οὐδὲ φρονίμως καὶ καλῶς καὶ δικαίως⟩ ἄνευ τοῦ ἡδέως. συμπεφύκασι γὰρ αἱ ἀρεταὶ τῷ ζῆν ἡδέως καὶ τὸ ζῆν ἡδέως τούτων ἐστὶν ἀχώριστον.

Auch die Selbstgenügsamkeit halten wir für ein großes Gut, nicht damit wir es ganz und gar mit dem Wenigen genug sein lassen, sondern um uns dann, wenn wir das Meiste nicht haben, mit dem Wenigen zu begnügen, da wir im vollen Sinne überzeugt sind, daß jene am lustvollsten den Aufwand genießen, die seiner am wenigsten bedürfen, und daß alles Anlagebedingte leicht, das Ziellose aber schwer zu beschaffen ist. Denn bescheidene Suppen verschaffen eine ebenso starke Lust wie ein aufwendiges Mahl, sooft das schmerzhafte Gefühl des Mangels aufgehoben wird; **131** auch Brot und Wasser spenden höchste Lust, wenn einer sie aus Mangel zu sich nimmt. Sich also zu gewöhnen an einfache und nicht aufwendige Mahlzeiten befähigt zu voller Gesundheit, macht den Menschen unbeschwert gegenüber den notwendigen Anforderungen des Lebens, stärkt unsere Verfassung, wenn wir uns in Abständen zu aufwendigen Mahlzeiten aufmachen, und entläßt uns angstfrei gegenüber dem Zufall.

Wenn wir also sagen, die Lust sei das Ziel, meinen wir damit nicht die Lüste der Hemmungslosen und jene, die im Genuß bestehen, wie einige, die dies nicht kennen und nicht eingestehen oder böswillig auffassen, annehmen, sondern: weder Schmerz im Körper noch Erschütterung in der Seele zu empfinden. **132** Denn nicht Trinkgelage und aneinandergereihte Umzüge, auch nicht das Genießen von Knaben und Frauen, von Fischen und allem übrigen, was eine aufwendige Tafel bietet, erzeugen das lustvolle Leben, sondern ein nüchterner Verstand, der die Gründe für jedes Wählen und Meiden aufspürt und die bloßen Vermutungen vertreibt, von denen aus die häufigste Erschütterung auf die Seelen übergreift.

Für all dies ist die Einsicht Ursprung und höchstes Gut. Daher ist die Einsicht sogar wertvoller als die Philosophie: ihr entstammen alle übrigen Tugenden, weil sie lehrt, daß es nicht möglich ist, lustvoll zu leben, ohne einsichtsvoll, vollkommen und gerecht zu leben, ⟨ebensowenig, einsichtsvoll, vollkommen und gerecht zu leben,⟩ ohne lustvoll zu leben. Denn die Tugenden sind ursprünglich verwachsen mit dem lustvollen Leben, und das lustvolle Leben ist von ihnen untrennbar.

133 Ἐπεὶ τίνα νομίζεις εἶναι κρείττονα τοῦ καὶ περὶ θεῶν ὅσια δοξάζοντος καὶ περὶ θανάτου διὰ παντὸς ἀφόβως ἔχοντος καὶ τὸ τῆς φύσεως ἐπιλελογισμένου τέλος καὶ τὸ μὲν τῶν ἀγαθῶν πέρας ὡς ἔστιν εὐσυμπλήρωτόν τε καὶ εὐπόριστον διαλαμβάνοντος, τὸ δὲ τῶν κακῶν ὡς ἢ χρόνους ἢ πόνους ἔχει βραχεῖς, τὴν δὲ ὑπό τινων δεσπότιν εἰσαγομένην πάντων ἐγγελῶντος ⟨εἱμαρμένην; οὗτος γὰρ ἑαυτὸν παρέχει τῶν πραχθέντων ὑπεύθυνον, ἃ μὲν κατ᾿ ἀνάγκην γίγνεσθαι τιθέμενος,⟩ ἃ δὲ ἀπὸ τύχης, ἃ δὲ παρ᾿ ἡμᾶς, διὰ τὸ τὴν μὲν ἀνάγκην ἀνυπεύθυνον εἶναι, τὴν δὲ τύχην ἄστατον ὁρᾶν, τὸ δὲ παρ᾿ ἡμᾶς ἀδέσποτον, ᾧ καὶ τὸ μεμπτὸν καὶ τὸ ἐναντίον παρακολουθεῖν πέφυκεν. 134 ἐπεὶ κρεῖττον ἦν τῷ περὶ θεῶν μύθῳ κατακολουθεῖν ἢ τῇ τῶν φυσικῶν εἱμαρμένῃ δουλεύειν· ὁ μὲν γὰρ ἐλπίδα παραιτήσεως ὑπογράφει θεῶν διὰ τιμῆς, ἡ δὲ ἀπαραίτητον ἔχει τὴν ἀνάγκην. τὴν δέ τύχην οὔτε θεόν, ὡς οἱ πολλοὶ νομίζουσιν, ὑπολαμβάνων, – οὐθὲν γὰρ ἀτάκτως θεῷ πράττεται – οὔτε ἀβέβαιον αἰτίαν, οὐκ οἴεται μὲν γὰρ ἀγαθὸν ἢ κακὸν ἐκ ταύτης πρὸς τὸ μακαρίως ζῆν ἀνθρώποις δίδοσθαι, ἀρχὰς μέντοι μεγάλων ἀγαθῶν ἢ κακῶν ὑπὸ ταύτης χορηγεῖσθαι· 135 κρεῖττον εἶναι νομίζει εὐλογίστως ἀτυχεῖν ἢ ἀλογίστως εὐτυχεῖν· βέλτιον γὰρ ἐν ταῖς πράξεσι τὸ καλῶς κριθὲν ⟨μὴ ὀρθωθῆναι ἢ τὸ μὴ καλῶς κριθὲν⟩ ὀρθωθῆναι διὰ ταύτην.

Ταῦτα οὖν καὶ τὰ τούτοις συγγενῆ μελέτα πρὸς σεαυτὸν ἡμέρας καὶ νυκτὸς ⟨καὶ⟩ πρὸς τὸν ὅμοιον σεαυτῷ, καὶ οὐδέποτε οὔθ᾿ ὕπαρ οὔτ᾿ ὄναρ διαταραχθήσῃ, ζήσῃ δὲ ὡς θεὸς ἐν ἀνθρώποις. οὐθὲν γὰρ ἔοικε θνητῷ ζῴῳ ζῶν ἄνθρωπος ἐν ἀθανάτοις ἀγαθοῖς.

133 Denn wer, glaubst du, ist stärker als jener, der über die Götter ehrfürchtige Vermutungen hegt, der gegenüber dem Tod ganz und gar angstfrei ist, der das Ziel unserer Veranlagung durchdacht hat und klar erfaßt, daß das Höchstmaß der Güter leicht zu erfüllen und leicht zu beschaffen ist, das Höchstmaß der Übel aber flüchtige Phasen oder Qualen aufweist? Das von manchen als Herrin über alles eingeführte ⟨Schicksal⟩ verspottet er. ⟨Denn er bestimmt sich selbst als Verantwortlichen für seine Handlungen, indem er festsetzt, daß manches mit Notwendigkeit eintritt,⟩[5] manches infolge des Zufalls, manches in unserer Hand liegt, weil die Notwendigkeit verantwortungsfrei ist und weil er sieht, daß der Zufall unstet und das, was in unserer Hand liegt, herrenlos ist: ihm folgt ja auch zwingend der Tadel und sein Gegenteil. **134** Denn es wäre besser, dem Mythos über die Götter zu folgen, als dem »Schicksal« der Naturphilosophen sklavisch ergeben zu sein. Denn der Mythos entwirft eine Aussicht auf Erhörung von seiten der Götter auf dem Wege ihrer Verehrung, das Schicksal aber weist eine unerbittliche Notwendigkeit auf. Den Zufall faßt er weder als einen Gott auf, wie die Masse meint – denn nichts wird von der Gottheit ungeordnet vollbracht – noch als eine unausgewiesene Ursache: er glaubt nämlich nicht, von ihm werde Gutes oder Übles den Menschen zum glückseligen Leben gegeben, vielmehr würden nur die Anfänge großer Güter oder Übel von ihm gelenkt. **135** Für besser hält er es, trotz richtiger Überlegung einen Mißerfolg als trotz verkehrter Überlegung einen Zufallserfolg zu haben; denn es ist eher angemessen, wenn ⟨sich⟩ beim Handeln ein gutes Urteil ⟨nicht bestätigt, als wenn sich ein schlechtes Urteil⟩ nur durch den Zufall bestätigt.

Dies also und was dazugehört bedenke Tag und Nacht bei dir selbst ⟨und⟩ zusammen mit dem, der dir gleicht. Dann wirst du dich niemals, weder wachend noch schlafend, erschüttern lassen, und du wirst leben wie ein Gott unter den Menschen. Denn es gleicht keinem sterblichen Wesen der Mensch, der inmitten unsterblicher Güter lebt.

1.3

1.3.1.

ἐγὼ δ' ἐφ' ἡδονὰς συνεχεῖς παρακαλῶ καὶ οὐκ ἐπ' ἀρετὰς κενὰς καὶ ματαίας καὶ ταραχώδεις ἐχούσας τῶν καρπῶν τὰς ἐλπίδας.

[37] Plut. adv. Col. 1117a (116 Us.)

1.3.2.

βρυάζω τῷ κατὰ τὸ σωμάτιον ἡδεῖ, ὕδατι καὶ ἄρτῳ χρώμενος, καὶ προσπτύω ταῖς ἐκ πολυτελείας ἡδοναῖς οὐ δι' αὐτάς, ἀλλὰ διὰ τὰ ἐξακολουθοῦντα αὐταῖς δυσχερῆ.

[115] Ioann. Stob. III XVII 33 H. (181 Us.)

1.3.3.

προσπτύω τῷ καλῷ καὶ τοῖς κενῶς αὐτὸ θαυμάζουσιν, ὅταν μηδεμίαν ἡδονὴν ποιῇ.

[126] Athen. XII 547a (512 Us.)

1.3.4.

οὐδέποτε ὠρέχθην τοῖς πολλοῖς ἀρέσκειν, ἃ μὲν γὰρ ἐκείνοις ἤρεσκεν οὐκ ἔμαθον, ἃ δ' ᾔδειν ἐγὼ μακρὰν ἦν τῆς ἐκείνων αἰσθήσεως.

[122] Gnomol. cod. Paris. 1168f. 115r (187 Us.)

1.3.5.

ἡμ[εῖς θεοῖς]
θύωμεν, [ὁσί-]
ως καὶ καλῶς οὗ [καθ]-

1.3. Briefe an Freunde und Verwandte

1.3.1. An Anaxarchos

Ich aber rufe zu fortdauernden Lustempfindungen auf und nicht zu sinnlosen und nichtssagenden Tugenden, die nur verworrene Illusionen über mögliche Früchte in sich bergen.

1.3.2. An Anaxarchos

Ich quelle in meinem Körperchen über vor Lust, wenn ich Wasser und Brot zu mir nehme, und ich spucke auf jene Lustempfindungen, die durch aufwendige Mittel hervorgerufen sind, nicht um ihrer selbst willen, sondern wegen der unmittelbar nachfolgenden Beschwerden.

1.3.3. An Anaxarchos

Ich spucke auf die Vollkommenheit und jene, die sie sinnlos anstaunen, wenn sie keine Lust erzeugt.

1.3.4. An Anaxarchos

Niemals strebte ich danach, der Masse zu gefallen. Denn was ihr gefiel, verstand ich nicht; was ich wußte, war ihrer Wahrnehmung weit entrückt.

1.3.5. An Anaxarchos

Wir wollen den Göttern ehrfürchtig und formvollendet opfern,

ἥκει, κα[ὶ κ]αλῶ[ς] πάν-
τα πράττωμεν [κα-]
τὰ τοὺς νόμους μ[η]-
θὲ[ν] ταῖς δόξαις α[ὐ-]
τοὺς ἐν τοῖς περὶ
τῶν ἀρίστων κ[αὶ]
σεμνοτάτων δια-
ταράττοντες· [ἔτι]
δὲ καὶ δίκαιό[ν φα-]
μεν ἀφ' ἧς ἔλε[γον δό-]
ξης· οὕτω γὰρ [ἐν-]
δέχεται φύσ[ιν θνη-]
τὴν ὁμοίω[ς Διὶ]
νὴι Δία ζῆν [ὡς φαί-]
νεται.

[105] Philod. π. εὐσ. 126 Go. (387 Us.)

1.3.6.

τοῖς θεοῖς καὶ θαυμάζει τὴ[ν] φύσιν [αὐτῶν κ(αὶ)] τὴν διάθεσιν καὶ πειρᾶται συνεγγί[ζειν] αὐτῆι καὶ καθαπερεὶ γλίχεται θιγε[ῖν καὶ συ]νεῖναι, καλεῖ τ[ε] καὶ τοὺς σοφοὺς τῶν [θεῶ]ν φίλους καὶ τοὺς θεοὺς τῶν σοφῶν.

[386 Us.] Philod. π. εὐσ. VH[3] II 76,1 p. 106 Go.

1.3.7.

ὡς σεβομένῳ γάρ σοι τὰ τόθ' ὑφ' ἡμῶν λεγόμενα προσέπεσεν ἐπιθύμημα ἀφυσιλόγητον τοῦ περιπλακῆναι ἡμῖν γονάτων ἐφαπτόμενον καὶ πάσης τῆς εἰθισμένης ἐπιλήψεως γίνεσθαι κατὰ τὰς σεβάσεις θεῶν καὶ λιτάς. ἐποίεις οὖν καὶ ἡμᾶς ἀνθιεροῦν σὲ αὐτὸν καὶ ἀντισέβεσθαι ..... ἄφθαρτός μοι περιπάτει καὶ ἡμᾶς ἀφθάρτους διανοοῦ.

[58] Plut. adv. Col. 1117b (141 Us.)

wie es sich gehört, und alles formvollendet den Bräuchen entsprechend verrichten, ohne uns selbst durch bloße Meinungen im mindesten in unseren Lehren über die vollkommensten und erhabensten Wesen erschüttern zu lassen. Ferner behaupten wir, es sei sogar gerechtfertigt auf Grund jener Meinung, die ich aussprach. Denn so ist es möglich, daß ein sterbliches Wesen – beim Zeus! – ähnlich wie Zeus lebt, wie es offenkundig ist.

1.3.6.

Der Weise bewundert Wesen und Verfassung der Götter; er versucht, dieser nahezukommen, und strebt gleichsam danach, sie zu berühren und mit ihr zusammenzusein; er nennt die Weisen Freunde der Götter und die Götter Freunde der Weisen.

1.3.7. An Kolotes

Weil du deine Ehrfurcht vor den damals von uns vorgetragenen Lehren bezeugen wolltest, überkam dich die aus unserer Naturerklärung nicht ableitbare Sehnsucht, uns zu umarmen, indem du unsere Knie umfaßtest, und jegliche Berührung zu vollziehen, wie es gewöhnlich bei Ehrfurchtsbezeugungen und Bitten gegenüber bestimmten Menschen geschieht. So hast du es erreicht, daß auch wir entsprechend unsere Verehrung und Ehrfurcht dir gegenüber bezeugten ... Wandle in meinen Augen als Unsterblicher und betrachte auch uns als unsterblich.

1.3.8.

πε]ρὶ αὐτῶν
[ταραχὴν με]γίστην
[παρασκευάσ]αι· αἱ μὲν
[γὰρ φαντασίαι] τῶν ἀπόν-
[των χωρὶς ὄψ]εως ἐπι-
[βάλλουσι φόβον] τὸν μέ-
[γιστον, εἰ δὲ συ]μπαρέ-
[σονται, οὐδ' ἐλάχισ]τον.
[ἂν δὲ τὴν φύσιν] διαθε-
[ωρῇς αὐτῶν, ἄν]τικρύς
εἰσι τοιαῦται, καὶ μὴ
παρόντων, οἷαι καὶ πα-
ρόντων ἅπται γὰρ οὐ-
κ,οὖσαι, διανοηταὶ δέ,
τὴν αὐτήν, ὅσον ἐφ' ἑαυ-
τα[ῖ]ς, ἔχουσι δύναμιν
πρὸς τοὺς παρόντας
τῇ ὅτε καὶ παρόντων
ἐκείνων ὑφειστήκε-
σαν. πρὸς οὖν ταῦτα,
ᾦ μῆτερ, [θάρρει· οὐδὲν]
γὰρ ἐπι[δηλοῖ σοι τὰ] φά-
ζματα ἡμ[ῶν κακόν·] τί-
θει δ' αὖ τ[οὐναντίον] κα-
θ' ἡμέρα[ν χρήσιμ]όν τι
ἡμᾶς π[ροσκ]τωμέ-
νους εἰς [τὸ μακρ]οτέ-
ρω τῆς ε[ὐδαιμ]ονίας
προβαί[νειν. οὐ] γὰρ μει-
κρὰ οὐδέ[ν τ' ἰσχ]ύοντα
περιγείνεται ἡ[μ]ε[ῖ]ν
τάδ' οἷα τὴν διάθεσιν
ἡμῶν ἰσόθεον ποιεῖ
καὶ οὐδὲ διὰ τὴν θνη-
τότητα τῆς ἀφθάρτου

1.3.8. An die Mutter

⟨Erscheinungen von Menschen, die abwesend sind, pflegen⟩ darüber die größte Verwirrung zu erzeugen. Denn die Bilder derer, die abwesend sind, überfallen uns getrennt vom unmittelbaren Anblick mit größtem Schrecken, wenn die Urheber aber bei uns anwesend sind, nicht gerade mit dem geringsten. Doch wenn du ihre Beschaffenheit sorgfältig betrachtest, sind die Bilder derer, die abwesend sind, genau die gleichen, wenn die Urheber anwesend sind, wie wenn sie nicht anwesend sind. Denn obgleich sie nicht berührbar, sondern nur gedanklich faßbar sind, haben sie, für sich selbst betrachtet, dieselbe Wirkung auf die Anwesenden wie zu der Zeit, als sie entstanden und jene Urheber anwesend waren. Im Blick darauf, Mutter, fasse Mut! Denn deine Visionen von mir bedeuten nichts Schlimmes. Im Gegenteil! Nimm vielmehr an, daß ich täglich eine nützliche Hilfe hinzugewinne, um einen weiteren Schritt im Glück vorwärtszukommen. Denn keineswegs geringfügig oder gar wertlos sind diese Fortschritte, die sich so an mir vollziehen, daß sie meine Verfassung gottgleich werden lassen und zeigen, daß ich nicht einmal wegen meiner Sterblichkeit der unvergänglichen

καὶ μακαρίας φύσεως
λειπομένους ἡμᾶς
δείκνυσιν. ὅτε μὲν
γὰρ ζῶμεν, ὁμοίως
τοῖς θεοῖς χαίρομεν
. . . .
[ἀντιποι]ήσ[ων] τὴν ἴση[ν ἂν]
[κ]ἀντιλάβηται τῆς
ἐλαττώσεως· ἂν μὴ
αἰσθάνηται δέ, πῶς
ἐλαττοῦται; μετὰ
δὴ τοιούτων ἡμᾶς ἀ-
γαθῶν προσδόκα, μῆ-
τερ, χαίροντας αἰεὶ καὶ
ἔπαιρε σεαυτὴν ἐφ' οἷς
πράττομεν. τῶν
μέ[ν]τοι χορηγιῶν
φείδου, πρὸς Διός,
ὧν συνεχῶς ἡμεῖν
ἀποστέλλεις. οὐ
γάρ σοί τι βούλομαι
λείπειν, ἵν' ἐμοὶ περιτ-
τεύῃ, λείπειν δ' ἐ-
μοὶ μᾶλλον, ἵνα μὴ
σοί. καίτοι ἀφθ[ό]-
νως κἀμοῦ διάγ[ον-]
τος ἐν πᾶσιν διὰ [τὸ τοὺς]
φίλους καὶ τὸ συνεχῶ[ς]
τὸν πατέρα ἡμεῖν πέμ-
πειν ἀργύριον, προσφά-
τως δὲ δὴ καὶ διὰ τοῦ Κλέ-
ωνος τὰς ἐννέα μνᾶς
ἀπεσταλκότος· οὐκοῦν
ἑκάτερον ὑμῶν ἰδίᾳ δεῖ
βαρεῖσθαι δι' ἡμᾶς, συν-
χρῆσθαι δὲ τῷ ἑτέρῳ τ[ὸ]ν [ἕτερον . . . . .

[65] Do LXIII–LXIV William.

und glückseligen Wesenheit unterlegen bin. Denn solange ich lebe, freue ich mich ähnlich wie die Götter …

… dasselbe, wenn er den Verlust spürt; wenn er ihn aber nicht empfindet: wie kann er dann einen Verlust erleiden? Inmitten solcher Güter, das erwarte von mir, Mutter, freue ich mich allezeit, und du richte dich an dem auf, was ich tue!

Sei doch – beim Zeus! – bitte sparsam mit den Zuschüssen, die du mir beständig zusendest! Ich möchte nämlich nicht, daß es dir an etwas mangelt, damit ich Überfluß hätte; eher soll es mir mangeln, damit es dir nicht so geht. Ich lebe ja wirklich mit allem reichlich versehen, weil die Freunde und Vater mir beständig Geld schicken: neulich gerade haben sie mir über Kleon neun Minen übersandt. Also darf sich keiner von euch beiden im stillen meinetwegen bedrückt fühlen; vielmehr erfreue sich der eine am andern …

1.3.9.

καθεδοῦμαι προσδοκῶν τὴν ἱμερτὴν καὶ ἰσόθεόν σου εἴσοδον
[81] DL 5 (165 Us.)

παιδείαν δὲ πᾶσαν, μακάριε, φεῦγε τἀκάτιον ἀράμενος
[82] DL 6 (163 Us.)

1.3.10.

ἀ]φείγμεθα εἰς Λάμψακον ὑ-
γιαίνοντες ἐγὼ καὶ Πυθο-
κλῆς κα[ὶ Ἕρ]μαρχος καὶ Κτή-
σιππος καὶ ἐκεῖ κατειλήφα-
μεν ὑγ[ι]αίνοντας Θεμίσ-
ταν καὶ τοὺς λοιποὺς φίλο[υ]ς·
εὖ δὲ ποιεῖς καὶ εἰ σὺ ὑγι-
αίνεις καὶ ἡ μ[ά]μμη [σ]ου
καὶ πάπαι καὶ Μάτρω[ν]ι πάν-
τα πείθῃ [ὥσπ]ερ καὶ ἔμ-
προσθεν· εὖ γὰρ ἴσθι [Ν]άπια,
ὅτι καὶ ἐγὼ καὶ ο[ἱ] λοιποὶ
πάντες σε μέγα φιλοῦμεν
ὅτι τούτοις πείθῃ πάντα
[ὄψει δὲ τάχ]α με· [ἥ]ξω
γὰρ ὀ[ξύ] ατα[
[113] Pap. Herc. 176 5 XXIII Vogliano (176 Us.)

1.3.11.

τὴν μακαρίαν ἄγοντες καὶ ἅμα τελευτῶντες ἡμέραν τοῦ βίου ἐγράφομεν ὑμῖν ταυτί· στραγγουρικά τε παρηκολούθει καὶ δυσεντερικὰ πάθη ὑπερβολὴν οὐκ ἀπολείποντα τοῦ ἐν ἑαυτοῖς μεγέθους· ἀντιπαρετάττετο δὲ πᾶσι τούτοις τὸ κατὰ

1.3.9. An Pythokles

Ich werde dasitzen und deinen ersehnten und gottgleichen Eintritt erwarten.

Jede Bildung, mein Glückseliger, fliehe, wenn du dein Schiff startklar gemacht hast.

1.3.10. An ein Kind

Wir sind in Lampsakos gesund angekommen: ich und Pythokles und Hermarchos und Ktesippos. Und dort haben wir Themista und die übrigen Freunde gesund vorgefunden. Gut triffst du's, wenn auch du gesund bist und deine Mama; und wenn du Papa und Matron in allem gehorsam bist wie schon zuvor. Denn wisse genau, Napia: ich und die übrigen, wir alle haben dich so lieb, weil du ihnen in allem gehorsam bist. Du wirst mich bald sehen. Denn ich werde ganz schnell kommen ...

1.3.11. An Idomeneus

Den glückseligen Tag feiernd und zugleich als letzten meines Lebens vollendend schreibe ich euch dies: ihn begleiten Blasen- und Darmkoliken, die keine Steigerung der ihnen innewohnenden Heftigkeit zulassen. Doch all dem widersetzt sich die

ψυχὴν χαῖρον ἐπὶ τῇ τῶν γεγονότων ἡμῖν διαλογισμῶν μνήμῃ· σὺ δὲ ἀξίως τῆς ἐκ μειρακίου παραστάσεως πρὸς ἐμὲ καὶ φιλοσοφίαν ἐπιμελοῦ τῶν παίδων Μητροδώρου.

[45] DL 22 (138 Us.)

Freude meines Herzens über die Erinnerung an die von uns abgeschlossenen Erörterungen. Du aber erweise dich würdig deiner von Jugend an vorhandenen Zuneigung zu mir und der Philosophie und sorge für die Kinder des Metrodoros!

2.

Sprüche

2.1. ΚΥΡΙΑΙ ΔΟΞΑΙ

I (= SV 1) Τὸ μακάριον καὶ ἄφθαρτον οὔτε αὐτὸ πράγματα ἔχει οὔτε ἄλλῳ παρέχει· ὥστε οὔτε ὀργαῖς οὔτε χάρισι συνέχεται· ἐν ἀσθενεῖ γὰρ πᾶν τὸ τοιοῦτον.

II (= SV 2) Ὁ θάνατος οὐδὲν πρὸς ἡμᾶς· τὸ γὰρ διαλυθὲν ἀναισθητεῖ, τὸ δ' ἀναισθητοῦν οὐδὲν πρὸς ἡμᾶς.

III Ὅρος τοῦ μεγέθους τῶν ἡδονῶν ἡ παντὸς τοῦ ἀλγοῦντος ὑπεξαίρεσις. ὅπου δ' ἂν τὸ ἡδόμενον ἐνῇ, καθ'ὃν ἂν χρόνον ᾖ, οὐκ ἔστι τὸ ἀλγοῦν ἢ λυπούμενον ἢ τὸ συναμφότερον.

IV (= SV 3) Οὐ χρονίζει τὸ ἀλγοῦν συνεχῶς ἐν τῇ σαρκί, ἀλλὰ τὸ μὲν ἄκρον τὸν ἐλάχιστον χρόνον πάρεστι, τὸ δὲ μόνον ὑπερτεῖνον τὸ ἡδόμενον κατὰ σάρκα οὐ πολλὰς ἡμέρας συμμένει· αἱ δὲ πολυχρόνιοι τῶν ἀρρωστιῶν πλεονάζον ἔχουσι τὸ ἡδόμενον ἐν τῇ σαρκὶ ἤπερ τὸ ἀλγοῦν.

V (= SV 5) Οὐκ ἔστιν ἡδέως ζῆν ἄνευ τοῦ φρονίμως καὶ καλῶς καὶ δικαίως ⟨οὐδὲ φρονίμως καὶ καλῶς καὶ δικαίως⟩ ἄνευ τοῦ ἡδέως· ὅτῳ δὲ τοῦτο μὴ ὑπάρχει ⟨ἐξ⟩ οὗ ζῆν φρονίμως καὶ καλῶς καὶ δικαίως ὑπάρχει, οὐκ ἔστι τοῦτον ἡδέως ζῆν.

VI Ἕνεκα τοῦ θαρρεῖν ἐξ ἀνθρώπων ἦν κατὰ φύσιν ἀρχῆς καὶ βασιλείας ἀγαθόν, ἐξ ὧν ἄν ποτε τοῦτο οἷός τ' ᾖ παρασκευάζεσθαι.

2.1. Entscheidende[1] Lehrsätze

I (= SV 1) Das glückselige und unvergängliche Wesen hat weder selbst Sorgen, noch bereitet es sie einem anderen. Es wird also weder durch Wutausbrüche noch durch Gunsterweise beansprucht; denn alles Derartige gibt es nur bei einem schwachen Wesen.

II (= SV 2) Der Tod ist nichts, was uns betrifft. Denn das Aufgelöste ist empfindungslos. Das Empfindungslose aber ist nichts, was uns betrifft.

III Grenze der Größe der Lustempfindungen ist die Aufhebung alles Schmerzenden. Wo auch immer das Lustspendende auftritt, da gibt es, solange es anwesend ist, nichts Schmerzendes oder Leiderregendes oder beides zusammen.

IV (= SV 3) Es verharrt das Schmerzende nicht ununterbrochen im Fleische, sondern das Extrem ist nur ganz kurze Zeit zugegen; was aber das Lustspendende im Fleische gerade noch überwiegt, verweilt nicht viele Tage. Die langewährenden Gebrechen hingegen enthalten ein Übermaß an Lustspendendem im Fleische über das Schmerzende.

V (= SV 5) Es ist nicht möglich, lustvoll zu leben, ohne einsichtsvoll, vollkommen und gerecht zu leben ⟨ebensowenig, einsichtsvoll, vollkommen und gerecht zu leben,⟩ ohne lustvoll zu leben. Wem aber jener Maßstab nicht zu Gebote steht, ⟨mit dessen Hilfe⟩ es möglich ist, einsichtsvoll, vollkommen und gerecht zu leben, der vermag auch nicht lustvoll zu leben.

VI Um sich vor den Menschen sicher zu fühlen, dafür gab es infolge ihrer Veranlagung ein Gut, nämlich Herrschaft und Königtum, mit deren Hilfe man imstande war, sich dies zu verschaffen.

VII Ἔνδοξοι καὶ περίβλεπτοί τινες ἐβουλήθησαν γενέσθαι, τὴν ἐξ ἀνθρώπων ἀσφάλειαν οὕτω νομίζοντες περιποιήσεσθαι· ὥστε, εἰ μὲν ἀσφαλὴς ὁ τῶν τοιούτων βίος, ἀπέλαβον τὸ τῆς φύσεως ἀγαθόν· εἰ δὲ μὴ ἀσφαλής, οὐκ ἔχουσιν οὗ ἕνεκα ἐξ ἀρχῆς κατὰ τὸ τῆς φύσεως οἰκεῖον ὠρέχθησαν.

VIII (= SV 50) Οὐδεμία ἡδονὴ καθ᾽ ἑαυτὴν κακόν· ἀλλὰ τὰ τινῶν ἡδονῶν ποιητικὰ πολλαπλασίους ἐπιφέρει τὰς ὀχλήσεις τῶν ἡδονῶν.

IX Εἰ κατεπυκνοῦτο πᾶσα ἡδονὴ καὶ χρόνῳ καὶ περὶ ὅλον τὸ ἄθροισμα ὑπῆρχεν ἢ τὰ κυριώτατα μέρη τῆς φύσεως, οὐκ ἄν ποτε διέφερον ἀλλήλων αἱ ἡδοναί.

X Εἰ τὰ ποιητικὰ τῶν περὶ τοὺς ἀσώτους ἡδονῶν ἔλυε τοὺς φόβους τῆς διανοίας τούς τε περὶ μετεώρων καὶ θανάτου καὶ ἀλγηδόνων, ἔτι τε τὸ πέρας τῶν ἐπιθυμιῶν ⟨καὶ τῶν ἀλγηδόνων⟩ ἐδίδασκεν, οὐκ ἄν ποτε εἴχομεν ὅ τι μεμψαίμεθα αὐτοῖς πανταχόθεν ἐκπληρουμένοις τῶν ἡδονῶν καὶ οὐδαμόθεν οὔτε τὸ ἀλγοῦν οὔτε τὸ λυπούμενον ἔχουσιν, ὅπερ ἐστὶ τὸ κακόν.

XI Εἰ μηθὲν ἡμᾶς αἱ τῶν μετεώρων ὑποψίαι ἠνώχλουν καὶ αἱ περί θανάτου, μήποτε πρὸς ἡμᾶς ᾖ τι, ἔτι τε τὸ μὴ κατανοεῖν τοὺς ὅρους τῶν ἀλγηδόνων καὶ τῶν ἐπιθυμιῶν, οὐκ ἂν προσεδεόμεθα φυσιολογίας.

XII (= SV 49) Οὐκ ἦν τὸ φοβούμενον λύειν ὑπὲρ τῶν κυριωτάτων μὴ κατειδότα τίς ἡ τοῦ σύμπαντος φύσις, ἀλλ᾽ ὑπο-

VII Manche wollten berühmt und angesehen werden, weil sie so Sicherheit vor den Menschen zu erringen glaubten. Wenn also das Leben solcher Menschen wirklich sicher geworden ist, erlangten sie das ihrer Veranlagung entsprechende Gut. Wenn es aber nicht sicher geworden ist, so besitzen sie nicht, wonach sie von Anfang an infolge der Eigenart ihrer Veranlagung strebten.

VIII (= SV 50) Keine Lust ist an sich ein Übel. Aber das, was bestimmte Lustempfindungen verschafft, führt Störungen herbei, die um vieles stärker sind als die Lustempfindungen.

IX Wenn alle Lust sich verdichtete und mit der Zeit im gesamten Körperkomplex anwesend wäre oder zumindest in den entscheidendsten Teilen des Organismus, so unterschieden sich die Lustempfindungen nicht mehr voneinander.

X Wenn das, was die Lustempfindungen der Hemmungslosen hervorruft, die Ängste des Nachdenkens über Himmelserscheinungen, Tod und Schmerzen löste und dazu die Grenze der Begierden ⟨und Schmerzen⟩ lehrte, so wüßten wir nicht mehr, was wir an ihnen noch tadeln sollten, wenn sie von überall her mit Lustempfindungen erfüllt würden und nirgendwoher Schmerz- oder Leiderregendes empfingen, worin doch das Übel besteht.

XI Wenn uns nicht Anwandlungen von Argwohn vor den Himmelserscheinungen quälten oder vor dem Tode, er könnte uns irgendwie betreffen, dazu die Tatsache, daß wir die Grenzen der Schmerzen und Begierden nicht erkennen, so bedürften wir der Naturforschung nicht.

XII (= SV 49) Es ist nicht möglich, die Angst bezüglich der entscheidendsten Gesetzmäßigkeiten zu lösen, wenn man nicht verstanden hat, welches die Gesetzlichkeit des Alls ist, sondern von sich aus irgend etwas auf Grund der Mythen argwöhnt. Es

πτευόμενόν τι τῶν κατὰ τοὺς μύθους· ὥστε οὐκ ἦν ἄνευ φυσιολογίας ἀκεραίους τὰς ἡδονὰς ἀπολαμβάνειν.

XIII (= SV 72) Οὐθὲν ὄφελος ἦν τὴν κατὰ ἀνθρώπους ἀσφάλειαν παρασκευάζεσθαι τῶν ἄνωθεν ὑπόπτων καθεστώτων καὶ τῶν ὑπὸ γῆς καὶ ἁπλῶς τῶν ἐν τῷ ἀπείρῳ.

XIV Τῆς ἀσφαλείας τῆς ἐξ ἀνθρώπων γενομένης μέχρι τινὸς δυνάμει τινὶ ἐξοριστικῇ καὶ εὐπορίᾳ, εἰλικρινεστάτη γίνεται ἡ ἐκ τῆς ἡσυχίας καὶ ἐκχωρήσεως τῶν πολλῶν ἀσφάλεια.

XV (= SV 8) Ὁ τῆς φύσεως πλοῦτος καὶ ὥρισται καὶ εὐπόριστός ἐστιν, ὁ δὲ τῶν κενῶν δοξῶν εἰς ἄπειρον ἐκπίπτει.

XVI Βραχέα σοφῷ τύχη παρεμπίπτει, τὰ δὲ μέγιστα καὶ κυριώτατα ὁ λογισμὸς διῴκηκε καὶ κατὰ τὸν συνεχῆ χρόνον τοῦ βίου διοικεῖ καὶ διοικήσει.

XVII (= SV 12) Ὁ δίκαιος ἀταρακτότατος, ὁ δ᾽ ἄδικος πλείστης ταραχῆς γέμων.

XVIII Οὐκ ἐπαύξεται ἐν τῇ σαρκὶ ἡ ἡδονή, ἐπειδὰν ἅπαξ τὸ κατ᾽ ἔνδειαν ἀλγοῦν ἐξαιρεθῇ, ἀλλὰ μόνον ποικίλλεται. τῆς δὲ διανοίας τὸ πέρας τὸ κατὰ τὴν ἡδονὴν ἀπεγέννησεν ἥ τε τούτων αὐτῶν ἐκλόγισις καὶ τῶν ὁμογενῶν τούτοις, ὅσα τοὺς μεγίστους φόβους παρεσκεύαζε τῇ διανοίᾳ.

XIX (= SV 22) Ὁ ἄπειρος χρόνος ἴσην ἔχει τὴν ἡδονὴν καὶ ὁ πεπερασμένος, ἐάν τις αὐτῆς τὰ πέρατα καταμετρήσῃ τῷ λογισμῷ.

ist also nicht möglich, ohne Naturforschung unbeeinträchtigte Lustempfindungen zu erlangen.

XIII (= SV 72) Es nützt nichts, eine nur zwischen Menschen geltende Sicherheit herzustellen, wenn die Vorgänge in der Höhe und unter der Erde und überhaupt im Grenzenlosen weiterhin beargwöhnt werden.

XIV Wenn auch die Sicherheit vor den Menschen bis zu einem gewissen Grade eintritt durch eine bestimmte Macht, Störungen zu beseitigen, und durch Reichtum, so entspringt doch die reinste Sicherheit aus der Ruhe und dem Rückzug vor der Masse.

XV (= SV 8) Der unserer Anlage entsprechende Reichtum ist begrenzt und leicht zu beschaffen, der ziellosen Erwartungen entsprechende artet jedoch ins Grenzenlose aus.

XVI Nur bei geringfügigen Problemen kommt dem Weisen ein Zufall dazwischen, die größten und entscheidendsten hat bereits die Überlegung geregelt, regelt sie im stetigen Zeitverlauf eines Lebens und wird sie regeln.

XVII (= SV 12) Der Gerechte ist am wenigsten zu erschüttern; der Ungerechte ist von höchster Erschütterung durchdrungen.

XVIII Die Lustempfindung im Fleische wächst nicht mehr, wenn erst einmal das schmerzhafte Gefühl des Mangels aufgehoben wird, sondern variiert nur. Des Denkens Lustgrenze wird erzeugt durch die Ergründung gerade jener Zusammenhänge, die dem Denken die größten Ängste verschafften, und all dessen, was damit verwandt ist.

XIX (= SV 22) Die unbegrenzte Zeit enthält ebensoviel Lust wie die begrenzte, wenn man die Grenzen der Lust mit Überlegung abmißt.

XX Ἡ μὲν σὰρξ ἀπέλαβε τὰ πέρατα τῆς ἡδονῆς ἄπειρα, κἂν ἄπειρος αὐτὴν χρόνος παρεσκεύασεν· ἡ δὲ διάνοια τοῦ τῆς σαρκὸς τέλους καὶ πέρατος λαβοῦσα τὸν ἐπιλογισμὸν καὶ τοὺς ὑπὲρ τοῦ αἰῶνος φόβους ἐκλύσασα τὸν παντελῆ βίον παρεσκεύασε, καὶ οὐθὲν ἔτι τοῦ ἀπείρου χρόνου προσεδεήθημεν· ἀλλ' οὔτε ἔφυγε τὴν ἡδονὴν οὐδ' ἡνίκα τὴν ἐξαγωγὴν ἐκ τοῦ ζῆν τὰ πράγματα παρεσκεύαζεν, ὡς ἐλλείπουσά τι τοῦ ἀρίστου βίου κατέστρεψεν.

XXI Ὁ τὰ πέρατα τοῦ βίου κατειδὼς οἶδεν ὡς εὐπόριστόν ἐστι τὸ ⟨τὸ⟩ ἀλγοῦν κατ' ἔνδειαν ἐξαιροῦν καὶ τὸ τὸν ὅλον βίον παντελῆ καθιστάν· ὥστε οὐδὲν προσδεῖται πραγμάτων ἀγῶνας κεκτημένων.

XXII Τὸ ὑφεστηκὸς δεῖ τέλος ἐπιλογίζεσθαι καὶ πᾶσαν τὴν ἐνάργειαν, ἐφ' ἣν τὰ δοξαζόμενα ἀνάγομεν· εἰ δὲ μὴ πάντα ἀκρισίας καὶ ταραχῆς ἔσται μεστά.

XXIII Εἰ μαχῇ πάσαις ταῖς αἰσθήσεσιν, οὐχ ἕξεις οὐδ' ἃς ἂν φῇς αὐτῶν διεψεῦσθαι πρὸς τί ποιούμενος τὴν ἀγωγὴν κρίνῃς.

XXIV Εἴ τιν' ἐκβαλεῖς ἁπλῶς αἴσθησιν καὶ μὴ διαιρήσεις τὸ δοξαζόμενον κατὰ τὸ προσμένον καὶ τὸ παρὸν ἤδη κατὰ τὴν αἴσθησιν καὶ τὰ πάθη καὶ πᾶσαν φανταστικὴν ἐπιβολὴν τῆς διανοίας, συνταράξεις καὶ τὰς λοιπὰς αἰσθήσεις τῇ ματαίῳ δόξῃ, ὥστε τὸ κριτήριον ἅπαν ἐκβαλεῖς· εἰ δὲ βεβαιώσεις καὶ τὸ προσμένον ἅπαν ἐν ταῖς δοξαστικαῖς ἐννοίαις καὶ τὸ μὴ τὴν ἐπιμαρτύρησιν, οὐκ ἐκλείψεις τὸ διεψευσμένον, ὡς τετηρηκὼς ἔσῃ πᾶσαν ἀμφισβήτησιν κατὰ πᾶσαν κρίσιν τοῦ ὀρθῶς ἢ μὴ ὀρθῶς.

XX Das Fleisch erlangte die Grenzen der Lust nur im Unbegrenzten, und nur unbegrenzte Zeit könnte sie verschaffen. Das Denken jedoch, wenn es bezüglich des Zieles und der Grenze des Fleisches Reflexionsfähigkeit erlangt und die Ängste im Hinblick auf die Ewigkeit gelöst hat, verschafft das vollkommene Leben, und wir bedürfen der unbegrenzten Zeit nicht mehr. Vielmehr flieht es weder die Lust, noch scheidet es, wenn die Verhältnisse sein Ausscheiden aus dem Leben bewirken, als mangelte ihm irgend etwas am vollendeten Leben.

XXI Wer die Grenzen des Lebens erkannt hat, weiß, daß leicht zu beschaffen ist, was das schmerzende Gefühl des Mangels aufhebt und das gesamte Leben vollkommen werden läßt. Also bedarf er keiner Verhältnisse, die Konkurrenzkämpfe in sich bergen.

XXII Das vorgegebene Lebensziel muß man durchdenken und die ganze augenscheinliche Gewißheit, auf die wir die Vermutungen zurückführen. Wenn wir dies nicht tun, wird alles voller Unentschiedenheit und Verwirrung sein.

XXIII Liegst du mit allen Wahrnehmungen im Kampf, so wirst du nicht wissen, worauf du jene zurückführen und beurteilen kannst, die du für täuschend erklärst.

XXIV Verwirfst du irgendeine Wahrnehmung schlechthin und unterscheidest nicht zwischen der mittelbar bestätigungsfähigen Vermutung und dem, was bereits unmittelbar gegeben ist im Bereich der Wahrnehmung, der Empfindungen und eines jeden vorstellenden Zugriffs des Verstandes, dann wirst du auch die übrigen Wahrnehmungen mit deinem haltlosen Vermuten erschüttern und so jede Urteilsinstanz verwerfen. Erklärst du aber bei mutmaßenden Überlegungen unterschiedslos für gewiß, was der Bestätigung fähig ist und was nicht, wirst du der Täuschung nicht entgehen. Also wirst du jeden Zweifel bei jedem Urteil über richtig oder nichtrichtig ständig aufrechterhalten.

XXV Εἰ μὴ παρὰ πάντα καιρὸν ἐπανοίσεις ἕκαστον τῶν πραττομένων ἐπὶ τὸ τέλος τῆς φύσεως, ἀλλὰ προκαταστρέψεις εἴτε φυγὴν εἴτε δίωξιν ποιούμενος εἰς ἄλλο τι, οὐκ ἔσονταί σοι τοῖς λόγοις αἱ πράξεις ἀκόλουθοι.

XXVI Τῶν ἐπιθυμιῶν ὅσαι μὴ ἐπ' ἀλγοῦν ἐπανάγουσιν ἐὰν μὴ συμπληρωθῶσιν, οὐκ εἰσὶν ἀναγκαῖαι, ἀλλ' εὐδιάχυτον τὴν ὄρεξιν ἔχουσιν, ὅταν δυσπορίστων ἢ βλάβης ἀπεργαστικαὶ δόξωσιν εἶναι.

XXVII (= SV 13) Ὧν ἡ σοφία παρασκευάζεται εἰς τὴν τοῦ ὅλου βίου μακαριότητα πολὺ μέγιστόν ἐστιν ἡ τῆς φιλίας κτῆσις.

XXVIII Ἡ αὐτὴ γνώμη θαρρεῖν τε ἐποίησεν ὑπὲρ τοῦ μηθὲν αἰώνιον εἶναι δεινὸν μηδὲ πολυχρόνιον καὶ τὴν ἐν αὐτοῖς τοῖς ὡρισμένοις ἀσφάλειαν φιλίαις μάλιστα κατεῖδε συντελουμένην.

XXIX (= SV 20) Τῶν ἐπιθυμιῶν αἱ μέν εἰσι φυσικαὶ καὶ ⟨ἀναγκαῖαι, αἱ δὲ φυσικαὶ καὶ⟩ οὐκ ἀναγκαῖαι, αἱ δὲ οὔτε φυσικαὶ οὔτε ἀναγκαῖαι, ἀλλὰ παρὰ κενὴν δόξαν γινόμεναι.

XXX Ἐν αἷς τῶν φυσικῶν ἐπιθυμιῶν μὴ ἐπ' ἀλγοῦν δὲ ἐπαναγουσῶν ἐὰν μὴ συντελεσθῶσιν, ὑπάρχει ἡ σπουδὴ σύντονος, παρὰ κενὴν δόξαν αὗται γίνονται, καὶ οὐ παρὰ τὴν ἑαυτῶν φύσιν οὐ διαχέονται, ἀλλὰ παρὰ τὴν τοῦ ἀνθρώπου κενοδοξίαν.

XXXI Τὸ τῆς φύσεως δίκαιόν ἐστι σύμβολον τοῦ συμφέροντος εἰς τὸ μὴ βλάπτειν ἀλλήλους μηδὲ βλάπτεσθαι.

XXV Wenn du nicht in jeder Entscheidungssituation jede einzelne Handlung auf das unserer Anlage entsprechende Ziel zurückbeziehst, sondern zuvor abbrichst, indem du dein Meiden oder Streben an etwas anderem ausrichtest, so werden deine Handlungen nicht zu deinen Begründungen stimmen.

XXVI All jene Begierden, die nicht wieder zu einer Schmerzempfindung führen, wenn sie nicht erfüllt werden, sind nicht notwendig, sondern enthalten ein leicht auslöschbares Verlangen, wann immer es sich zeigt, daß ihre Gegenstände schwer zu beschaffen sind oder Schaden hervorrufen.

XXVII (= SV 13) Von dem, was die Weisheit für die Glückseligkeit des gesamten Lebens bereitstellt, ist das weitaus Größte der Erwerb der Freundschaft.

XXVIII Ein und dieselbe Einsicht läßt uns darin zuversichtlich sein, daß nichts Schreckliches ewig oder auch nur lange Zeit währt, und begreifen, daß die Sicherheit gerade unter eingeschränkten Bedingungen am ehesten durch Freundschaften vollkommen wird.

XXIX (= SV 20) Von den Begierden sind die einen anlagebedingt und ⟨notwendig, die andern anlagebedingt und⟩ nicht notwendig, wieder andere sind weder anlagebedingt noch notwendig, sondern entstehen durch ziellose Erwartung.

XXX Wo immer bei jenen anlagebedingten Begierden, die nicht wieder zu einer Schmerzempfindung führen, wenn sie nicht erfüllt werden, ein heftiger Drang erhalten bleibt, entstehen sie eben durch ziellose Erwartung, und sie lassen sich nicht etwa wegen der ihnen eigenen Anlage nicht auslöschen, sondern nur wegen der ziellosen Erwartungshaltung des Menschen.

XXXI Das der ⟨menschlichen⟩ Anlage entsprechende Recht ist ein Abkommen mit Rücksicht auf den Nutzen, einander nicht zu schädigen und sich nicht schädigen zu lassen.

XXXII Ὅσα τῶν ζῴων μὴ ἐδύνατο συνθήκας ποιεῖσθαι τὰς ὑπὲρ τοῦ μὴ βλάπτειν ἄλληλα μηδὲ βλάπτεσθαι, πρὸς ταῦτα οὐθὲν ἦν δίκαιον οὐδὲ ἄδικον· ὡσαύτως δὲ καὶ τῶν ἐθνῶν ὅσα μὴ ἐδύνατο ἢ μὴ ἐβούλετο τὰς συνθήκας ποιεῖσθαι τὰς ὑπὲρ τοῦ μὴ βλάπτειν μηδὲ βλάπτεσθαι.

XXXIII Οὐκ ἦν τι καθ' ἑαυτὸ δικαιοσύνη, ἀλλ' ἐν ταῖς μετ' ἀλλήλων συστροφαῖς καθ' ὁπηλίκους δήποτε ἀεὶ τόπους συνθήκη τις ὑπὲρ τοῦ μὴ βλάπτειν ἢ βλαπτεσθαι.

XXXIV Ἡ ἀδικία οὐ καθ' ἑαυτὴν κακόν, ἀλλ' ἐν τῷ κατὰ τὴν ὑποψίαν φόβῳ, εἰ μὴ λήσει τοὺς ὑπὲρ τῶν τοιούτων ἐφεστηκότας κολαστάς.

XXXV (= SV 6) Οὐκ ἔστι τὸν λάθρα τι ποιοῦντα ὧν συνέθεντο πρὸς ἀλλήλους εἰς τὸ μὴ βλάπτειν μηδὲ βλάπτεσθαι πιστεύειν ὅτι λήσει, κἂν μυριάκις ἐπὶ τοῦ παρόντος λανθάνῃ· μέχρι γὰρ καταστροφῆς ἄδηλον εἰ καὶ λήσει.

XXXVI Κατὰ μὲν ⟨τὸ⟩ κοινὸν πᾶσι τὸ δίκαιον τὸ αὐτό· συμφέρον γάρ τι ἦν ἐν τῇ πρὸς ἀλλήλους κοινωνίᾳ· κατὰ δὲ τὸ ἴδιον χώρας καὶ ὅσων δήποτε αἰτίων οὐ πᾶσι συνέπεται τὸ αὐτὸ δίκαιον εἶναι.

XXXVII Τὸ μὲν ἐπιμαρτυρούμενον ὅτι συμφέρει ἐν ταῖς χρείαις τῆς πρὸς ἀλλήλους κοινωνίας τῶν νομισθέντων εἶναι δικαίων ἔχει τὸν τοῦ δικαίου χαρακτῆρα, ἐάν τε τὸ αὐτὸ πᾶσι γένηται ἐάν τε μὴ τὸ αὐτό· ἐὰν δὲ νόμον θῆταί τις, μὴ ἀπο-

XXXII Für all jene Lebewesen, die keine Verträge darüber abzuschließen vermochten, einander nicht zu schädigen und sich nicht schädigen zu lassen, gab es kein Recht oder Unrecht. Genauso verhält es sich auch mit jenen Völkern, die es nicht vermochten oder nicht bereit waren, Verträge darüber abzuschließen, einander nicht zu schädigen und sich nicht schädigen zu lassen.

XXXIII Gerechtigkeit ist nicht etwas an und für sich Seiendes, sondern ein im Umgang miteinander an jeweils beliebigen Orten abgeschlossener Vertrag, einander nicht zu schädigen und sich nicht schädigen zu lassen.

XXXIV Die Ungerechtigkeit ist nicht an und für sich ein Übel, sondern nur durch die aus dem Argwohn erwachsende Furcht, es werde mißlingen, den für solche Angelegenheiten eingesetzten Strafrichtern verborgen zu bleiben.

XXXV (= SV 6) Wer heimlich gegen etwas von dem verstößt, was man untereinander vereinbart hat – einander nicht zu schädigen und sich nicht schädigen zu lassen –, der kann nicht darauf vertrauen, daß er verborgen bleiben wird, selbst wenn er in der jeweiligen Situation tausendmal verborgen bleibt. Denn es ist bis zu seinem Hinscheiden ungewiß, ob er auch verborgen bleiben wird.

XXXVI Im Hinblick auf das Gemeinwesen ist das Recht für alle dasselbe; denn es ist etwas Nutzbringendes in der wechselseitigen Gemeinschaft. Im Hinblick auf die jeweilige Besonderheit eines Landes und der sonstigen Bedingungen erweist sich nicht für alle dasselbe als rechtsverbindlich.

XXXVII Was sich von dem, was als »Recht« anerkannt ist, als wirklich nutzbringend bestätigen läßt im Verkehr der wechselseitigen Gemeinschaft, das trägt den Stempel des Rechts, ob es sich nun für alle als dasselbe herausstellt oder nicht. Wenn aber

βαίνῃ δὲ κατὰ τὸ συμφέρον τῆς πρὸς ἀλλήλους κοινωνίας, οὐκέτι τοῦτο τὴν τοῦ δικαίου φύσιν ἔχει· κἂν μεταπίπτῃ τὸ κατὰ τὸ δίκαιον συμφέρον, χρόνον δέ τινα εἰς τὴν πρόληψιν ἐναρμόττῃ, οὐδὲν ἧττον ἐκεῖνον τὸν χρόνον ἦν δίκαιον τοῖς μὴ φωναῖς κεναῖς ἑαυτοὺς συνταράττουσιν ἀλλ' ἁπλ⟨ῶς⟩ εἰς τὰ πράγματα βλέπουσιν.

XXXVIII Ἔνθα μὴ καινῶν γενομένων τῶν περιεστώτων πραγμάτων ἀνεφάνη μὴ ἁρμόττοντα εἰς τὴν πρόληψιν τὰ νομισθέντα δίκαια ἐπ' αὐτῶν τῶν ἔργων, οὐκ ἦν ταῦτα δίκαια· ἔνθα δὲ καινῶν γενομένων τῶν πραγμάτων οὐκέτι συνέφερε τὰ αὐτὰ δίκαια κείμενα, ἐνταῦθα δὴ τότε μὲν ἦν δίκαια ὅτε συνέφερεν εἰς τὴν πρὸς ἀλλήλους κοινωνίαν τῶν συμπολιτευομένων, ὕστερον δ' οὐκ ἦν ἔτι δίκαια ὅτε μὴ συνέφερεν.

XXXIX Ὁ τὸ μὴ θαρροῦν ἀπὸ τῶν ἔξωθεν ἄριστα συστησάμενος, οὗτος τὰ μὲν δυνατὰ ὁμόφυλα κατεσκευάσατο, τὰ δὲ μὴ δυνατὰ οὐκ ἀλλόφυλά γε· ὅσα δὲ μηδὲ τοῦτο δυνατὸς ἦν, ἀνεπίμεικτος ἐγένετο καὶ ἐξηρείσατο ὅσα τοῦτ' ἐλυσιτέλει πράττειν.

XL Ὅσοι τὴν δύναμιν ἔσχον τοῦ τὸ θαρρεῖν μάλιστα ἐκ τῶν ὁμορρούντων παρασκευάσασθαι, οὗτοι καὶ ἐβίωσαν μετ' ἀλλήλων ἥδιστα τὸ βεβαιότατον πίστωμα ἔχοντες, καὶ πληρεστάτην οἰκειότητα ἀπολαβόντες οὐκ ὠδύραντο ὡς πρὸς ἔλεον τὴν τοῦ τελευτήσαντος προκαταστροφήν.

einer ein Gesetz gibt, das nicht zum Nutzen der wechselseitigen Gemeinschaft ausschlägt, so besitzt dies nicht mehr die Geltung des Rechts. Und wenn der auf dem Recht beruhende Nutzen umschlägt, aber doch eine gewisse Zeit zu dem Vor-Begriff paßte, so war er nichtsdestoweniger für jene Zeit rechtsverbindlich bei all denen, die sich nicht mit leeren Worten selbst verwirren, sondern einfach auf die Tatsachen blicken.

XXXVIII Wo, ohne daß die herrschenden Verhältnisse sich gewandelt hätten, das als »Recht« Anerkannte gerade wegen seiner tatsächlichen Auswirkung offensichtlich nicht zu seinem Vor-Begriff paßt, da ist es nicht rechtsverbindlich. Wo aber dadurch, daß die Verhältnisse sich gewandelt haben, dasselbe noch bestehende Recht nicht mehr nutzbringend ist, da war es damals rechtsverbindlich, als es nutzbringend war für die wechselseitige Gemeinschaft der Bürger. Später jedoch war es nicht mehr rechtsverbindlich, als es nicht mehr nutzbringend war.

XXXIX Wer die Verunsicherung von seiten der Außenwelt am besten zu steuern vermag, der macht sich das Beherrschbare zum Bundesgenossen; das Nicht-Beherrschbare macht er sich wenigstens nicht zum Feind. Wo er nicht einmal dazu die Macht hat, damit setzt er sich nicht auseinander und beseitigt all das, was sich vorteilhaft so behandeln läßt.

XL All jene, die die Macht haben, sich das Gefühl der Sicherheit besonders vor ihren Mitmenschen zu verschaffen, leben auch miteinander aufs lustvollste mit der verläßlichsten Bürgschaft; und weil sie eine im höchsten Grade erfüllte Vertrautheit erlangt haben, bejammern sie nicht das Hinscheiden dessen, der vor ihnen starb, als wären sie auf Mitleid aus.

2.2. ΕΠΙΚΟΥΡΟΥ ΠΡΟΣΦΩΝΗΣΙΣ

1 (= ΚΔ I)

2 (= ΚΔ II)

3 (= ΚΔ IV)

4 Πᾶσα ἀλγηδὼν εὐκαταφρόνητος· ἡ γὰρ σύντονον ἔχουσα τὸ πονοῦν σύντομον ἔχει τὸν χρόνον, ἡ δὲ χρονίζουσα περὶ τὴν σάρκα ἀβληχρὸν ἔχει τὸν πόνον.

5 (= ΚΔ V)

6 (= ΚΔ XXXV)

7 Ἀδικοῦντα λαθεῖν μὲν δύσκολον, πίστιν δὲ λαβεῖν ὑπὲρ τοῦ λαθεῖν ἀδύνατον.

8 (= ΚΔ XV)

9 Κακὸν ἀνάγκη, ἀλλ' οὐδεμία ἀνάγκη ζῆν μετὰ ἀνάγκης.

10 Μέμνησο ὅτι θνητὸς ὢν τῇ φύσει καὶ λαβὼν χρόνον ὡρισμένον ἀνέβης τοῖς περὶ φύσεως διαλογισμοῖς ἐπὶ τὴν ἀπειρίαν καὶ τὸν αἰῶνα καὶ κατεῖδες

τά τ' ἐόντα τά τ' ἐσσόμενα πρό τ' ἐόντα.

11 Τῶν πλείστων ἀνθρώπων τὸ μὲν ἡσυχάζον ναρκᾷ, τὸ δὲ κινούμενον λυττᾷ.

12 (= ΚΔ XVII)

2.2. Epikurs Weisungen

1 (= RS I)

2 (= RS II)

3 (= RS IV)

4 Jeder Schmerz ist leicht zu verachten. Denn der eine bringt zwar eine schneidende Qual, aber seine Dauer ist beschnitten; der andere dauert zwar im Fleische, aber seine Qual ist stumpf.

5 (= RS V)

6 (= RS XXXV)

7 Unrecht zu tun und dabei verborgen zu bleiben ist schwierig, Gewißheit zu erlangen, daß man verborgen bleibe, unmöglich.

8 (= RS XV)

9 Schlimm ist der Zwang, doch es gibt keinen Zwang, unter Zwang zu leben.

10 Gedenke, daß du, sterblich von Natur und nur im Besitz begrenzter Zeit, emporstiegst durch die Erörterungen über die Allgesetzlichkeit zur Unendlichkeit und Ewigkeit und durchschautest, »was ist und was sein wird und was zuvor gewesen«.[1]

11 Bei den meisten Menschen äußert sich die Ruhe betäubt, die Bewegung rasend.

12 (= RS XVII)

13 (= ΚΔ XXVII)

14 Γεγόναμεν ἅπαξ, δὶς δὲ οὐκ ἔστι γενέσθαι· δεῖ δὲ τὸν αἰῶνα μηκέτι εἶναι· σὺ δὲ οὐκ ὢν τῆς αὔριον κύριος ἀναβάλλῃ τὸ χαῖρον· ὁ δὲ βίος μελλησμῷ παραπόλλυται καὶ εἷς ἕκαστος ἡμῶν ἀσχολούμενος ἀποθνήσκει.

15 Ἤθη ὥσπερ τὰ ἡμῶν αὐτῶν ἴδια τιμῶμεν, ἄν τε χρηστὰ ἔχωμεν, καὶ ὑπὸ τῶν ἀνθρώπων ζηλώμεθα, ἄν τε μή· οὕτω χρὴ καὶ ⟨τὰ⟩ τῶν πέλας, ἂν ἐπιεικεῖς ὦσιν.

16 Οὐδεὶς βλέπων τὸ κακὸν αἱρεῖται αὐτό, ἀλλὰ δελεασθεὶς ὡς ἀγαθῷ πρὸς τὸ μεῖζον αὐτοῦ κακὸν ἐθηρεύθη.

17 Οὐ νέος μακαριστὸς ἀλλὰ γέρων βεβιωκὼς καλῶς· ὁ γὰρ νέος ἀκμῇ πολὺς ὑπὸ τῆς τύχης ἑτεροφρονῶν πλάζεται· ὁ δὲ γέρων καθάπερ ἐν λιμένι τῷ γήρᾳ καθώρμικεν, τὰ πρότερον δυσελπιστούμενα τῶν ἀγαθῶν ἀσφαλεῖ κατακλείσας χάριτι.

18 Ἀφαιρουμένης προσόψεως καὶ ὁμιλίας καὶ συναναστροφῆς ἐκλύεται τὸ ἐρωτικὸν πάθος.

19 Τοῦ γεγονότος ἀμνήμων ἀγαθοῦ γέρων τήμερον γεγένηται.

20 (= ΚΔ XXIX)

21 Οὐ βιαστέον τὴν φύσιν ἀλλὰ πειστέον· πείσομεν δὲ τὰς

13 (= RS XXVII)

14 Geboren sind wir nur einmal; zweimal ist es nicht möglich, geboren zu werden. Notwendig ist es, die Ewigkeit hindurch nicht mehr zu sein. Du aber bist nicht Herr des morgigen Tages und schiebst dennoch das Erfreuliche auf. Das Leben geht unter Zaudern verloren, und jeder einzelne von uns stirbt in seiner Unrast.

15 Wie wir unsere besonderen Charaktereigenschaften schätzen, mögen wir nun tadellose besitzen und von den Menschen beneidet werden oder nicht, so sollen wir auch die Charaktereigenschaften der uns Nahestehenden schätzen, wenn sie tolerant sind.

16 Niemand erblickt ein Übel und wählt es dennoch; sondern man wird von ihm geködert, als sei es ein Gut, und läßt sich von dem Übel, das größer ist als das Gut, einfangen.

17 Nicht der Jüngling ist glückselig zu preisen, sondern der Greis, der vollendet gelebt hat. Denn der Jüngling in seiner Vollkraft sinnt mal auf dies, mal auf jenes und wird vielfach vom Zufall verschlagen. Der Greis aber ist in seinem Alter wie in einem Hafen vor Anker gegangen und hat die früher kaum erhofften Güter eingeschlossen in sicheres Gedenken.

18 Werden Anblick, Verkehr und Umgang miteinander genommen, so löst sich die erotische Leidenschaft auf.

19 Gedenkt er nicht des ihm zuteil gewordenen Guten, so ist er schon heute zum Greis geworden.

20 (= RS XXIX)

21 Nicht vergewaltigen sollen wir unsere Veranlagung, sondern überreden. Und überreden werden wir die notwendigen Begier-

ἀναγκαίας ἐπιθυμίας ἐκπληροῦντες, τάς τε φυσικὰς ἂν μὴ βλάπτωσι, τὰς δὲ βλαβερὰς πικρῶς ἐλέγχοντες.

22 (= ΚΔ XIX)

23 Πᾶσα φιλία δι' ἑαυτὴν αἱρετή· ἀρχὴν δὲ εἴληφεν ἀπὸ τῆς ὠφελείας.

24 Ἐνύπνια οὐκ ἔλαχε φύσιν θείαν οὐδὲ μαντικὴν δύναμιν, ἀλλὰ γίνεται κατὰ ἔμπτωσιν εἰδώλων.

25 Ἡ πενία μετρουμένη τῷ τῆς φύσεως τέλει μέγας ἐστὶ πλοῦτος· πλοῦτος δὲ μὴ ὁριζόμενος μεγάλη ἐστὶ πενία.

26 Δεῖ διαλαβεῖν ὅτι καὶ ὁ πολὺς λόγος καὶ ὁ βραχὺς εἰς τὸ αὐτὸ συντείνει.

27 Ἐπὶ μὲν τῶν ἄλλων ἐπιτηδευμάτων μόλις τελειωθεῖσιν ὁ καρπὸς ἔρχεται, ἐπὶ δὲ φιλοσοφίας συντρέχει τῇ γνώσει τὸ τερπνόν· οὐ γὰρ μετὰ μάθησιν ἀπόλαυσις, ἀλλὰ ἅμα μάθησις καὶ ἀπόλαυσις.

28 Οὔτε τοὺς προχείρους εἰς φιλίαν οὔτε τοὺς ὀκνηροὺς δοκιμαστέον· δεῖ δὲ καὶ παρακινδυνεῦσαι χάριν φιλίας.

29 Παρρησίᾳ γὰρ ἔγωγε χρώμενος φυσιολογῶν χρησμῳδεῖν τὰ συμφέροντα πᾶσιν ἀνθρώποις μᾶλλον ἂν βουλοίμην, κἂν μηδεὶς μέλλῃ συνήσειν, ἢ συγκατατιθέμενος ταῖς δόξαις καρποῦσθαι τὸν πυκνὸν παραπίπτοντα παρὰ τῶν πολλῶν ἔπαινον.

den, indem wir sie erfüllen, die nur anlagebedingten ebenso, insofern sie nicht schaden, die schädlichen aber, indem wir sie scharf zurechtweisen.

22 (= RS XIX)

23 Jede Freundschaft ist um ihrer selbst willen zu wählen. Ihren Anfang jedoch nimmt sie beim Nutzen.

24 Träume haben kein göttliches Wesen und keine vorausdeutende Macht, sondern entstehen durch das Eindringen von »Sichtbildern«.

25 Armut, die bemessen ist nach dem Ziel unserer Veranlagung, ist großer Reichtum. Reichtum, der nicht begrenzt wird, ist große Armut.

26 Man muß erfassen, daß eine lange und eine kurze Darlegung auf dasselbe abzielen.

27 Bei den übrigen Tätigkeiten stellt sich der Ertrag erst dann ein, wenn sie gerade vollendet worden sind, bei der Philosophie läuft der Reiz mit dem Erkenntnisvorgang zusammen. Denn nicht nach dem Lernen kommt der Genuß, sondern zugleich mit dem Lernen stellt sich auch der Genuß ein.

28 Weder die Leichtfertigen noch die Zauderer soll man der Freundschaft würdigen. Man muß allerdings etwas riskieren um der Freundschaft willen.

29 Mit allem Freimut möchte zumindest ich dadurch, daß ich Naturforschung betreibe, allen Menschen lieber das für sie Nützliche weissagen, auch wenn keiner es verstehen wollte, als dadurch, daß ich ihren Meinungen beipflichte, den aus der Masse dicht hereinprasselnden Applaus genießen.

30 Ἑτοιμάζονταί τινες διὰ βίου τὰ πρὸς τὸν βίον, οὐ συνορῶντες ὡς πᾶσιν ἡμῖν θανάσιμον ἐγκέχυται τὸ τῆς γενέσεως φάρμακον.

31 Πρὸς μὲν τἆλλα δυνατὸν ἀσφάλειαν πορίσασθαι, χάριν δὲ θανάτου πάντες ἄνθρωποι πόλιν ἀτείχιστον οἰκοῦμεν.

32 Ὁ τοῦ σοφοῦ σεβασμὸς ἀγαθὸν μέγα τῷ σεβομένῳ ἐστί.

33 Σαρκὸς φωνὴ τὸ μὴ πεινῆν, τὸ μὴ διψῆν, τὸ μὴ ῥιγοῦν· ταῦτα γὰρ ἔχων τις καὶ ἐλπίζων ἕξειν κἂν ⟨Διὶ⟩ ὑπὲρ εὐδαιμονίας μαχέσαιτο.

34 Οὐχ οὕτως χρείαν ἔχομεν τῆς χρείας ⟨τῆς⟩ παρὰ τῶν φίλων ὡς τῆς πίστεως τῆς περὶ τῆς χρείας.

35 Οὐ δεῖ λυμαίνεσθαι τὰ παρόντα τῶν ἀπόντων ἐπιθυμίᾳ, ἀλλ' ἐπιλογίζεσθαι ὅτι καὶ ταῦτα τῶν εὐκταίων ἦν.

36 Ὁ Ἐπικούρου βίος τοῖς τῶν ἄλλων συγκρινόμενος ἕνεκεν ἡμερότητος καὶ αὐταρκείας μῦθος ἂν νομισθείη.

37 Ἀσθενὴς ἡ φύσις ἐστὶ πρὸς τὸ κακὸν οὐ πρὸς τὸ ἀγαθόν· ἡδοναῖς μὲν γὰρ σῴζεται, ἀλγηδόσι δὲ διαλύεται.

38 Μικρὸς παντάπασιν ᾧ πολλαὶ αἰτίαι εὔλογοι εἰς ἐξαγωγὴν βίου.

39 Οὔθ' ὁ τὴν χρείαν ἐπιζητῶν διὰ παντὸς φίλος, οὔθ' ὁ

30 Es besorgen sich manche ihr Leben lang die Mittel zum Leben; sie erfassen nicht, daß uns allen tödlich das Gift des Werdens eingespritzt ist.

31 Gegen alles übrige vermag man sich Sicherheit zu verschaffen, wegen des Todes aber bewohnen wir Menschen alle eine unbewehrte Stadt.

32 Die Verehrung des Weisen ist ein großes Gut für jene, die ihn verehren.

33 Des Fleisches Stimme ist: Nicht hungern, nicht dürsten, nicht frieren! Denn wenn einer dies besitzt und erwarten kann, es zukünftig zu besitzen, könnte er selbst mit Zeus um das Glück wetteifern.

34 Nicht in dem Maße stützen wir uns auf die Unterstützung von seiten der Freunde wie auf das Vertrauen in ihre Unterstützung.

35 Nicht vergällen sollen wir uns das Vorhandene aus Gier nach dem Nicht-Vorhandenen, sondern bedenken, daß auch dies einst zum bloß Erwünschten gehörte.

36 Die Lebensführung Epikurs dürfte wohl, mit der aller andern verglichen, wegen der Güte und Selbstgenügsamkeit für ein Märchen gehalten werden.

37 Schwach ist unsere Konstitution gegenüber dem Übel, nicht gegenüber dem Guten. Denn durch Lustempfindungen wird sie erhalten, durch Schmerzen zerrüttet.

38 Ganz klein ist jener, der viele einleuchtende Gründe für sein Ausscheiden aus dem Leben hat.

39 Ein Freund ist weder, wer immerzu nur Unterstützung begehrt, noch, wer dies niemals mit Freundschaft verknüpft. Denn

μηδέποτε συνάπτων· ὁ μὲν γὰρ καπηλεύει τῇ χάριτι τὴν ἀμοιβήν, ὁ δὲ ἀποκόπτει τὴν περὶ τοῦ μέλλοντος εὐελπιστίαν.

40 Ὁ λέγων πάντα κατ᾿ ἀνάγκην γίνεσθαι οὐδὲν ἐγκαλεῖν ἔχει τῷ λέγοντι μὴ πάντα κατ᾿ ἀνάγκην γίνεσθαι· αὐτὸ γὰρ τοῦτό φησι κατ᾿ ἀνάγκην γίνεσθαι.

41 Γελᾶν ἅμα δεῖ καὶ φιλοσοφεῖν καὶ οἰκονομεῖν καὶ τοῖς λοιποῖς οἰκειώμασι χρῆσθαι καὶ μηδαμῇ λήγειν τὰς ἐκ τῆς ὀρθῆς φιλοσοφίας φωνὰς ἀφιέντας.

42 Ὁ αὐτὸς χρόνος καὶ γενέσεως τοῦ μεγίστου ἀγαθοῦ καὶ ἀπολαύσεως.

43 Φιλαργυρεῖν ἄδικα μὲν ἀσεβές, δίκαια δὲ αἰσχρόν· ἀπρεπὲς γὰρ ῥυπαρῶς φείδεσθαι καὶ μετὰ τοῦ δικαίου.

44 Ὁ σοφὸς εἰς τὰ ἀναγκαῖα συγκριθεὶς μᾶλλον ἐπίσταται μεταδιδόναι ἢ μεταλαμβάνειν· τηλικοῦτον αὐταρκείας εὗρε θησαυρόν.

45 Οὐ κομποὺς οὐδὲ φωνῆς ἐργαστικοὺς οὐδὲ τὴν περιμάχητον παρὰ τοῖς πολλοῖς παιδείαν ἐνδεικνυμένους φυσιολογία παρασκευάζει, ἀλλὰ σοβαροὺς καὶ αὐτάρκεις καὶ ἐπὶ τοῖς ἰδίοις ἀγαθοῖς, οὐκ ἐπὶ τοῖς τῶν πραγμάτων μέγα φρονοῦντες.

46 Τὰς φαύλας συνηθείας ὥσπερ ἄνδρας πονηροὺς πολὺν χρόνον μέγα βλάψαντας τελείως ἐκδιώκωμεν.

der eine erschachert sich für seine Gunst die Gegenleistung, der andere schneidet von vornherein die Zuversicht für die Zukunft ab.

40 Wer sagt, alles geschehe mit Notwendigkeit, vermag demjenigen nichts vorzuhalten, der sagt, nicht alles geschehe mit Notwendigkeit. Denn ebendies, so behauptet er, geschehe mit Notwendigkeit.

41 Lachen soll man und zugleich philosophieren, seinen Haushalt führen, seine übrigen Fähigkeiten anwenden und niemals aufhören, die aus der richtigen Philosophie stammenden Lehrsätze zu verkünden.

42 Gleichzeitig sind Entstehung und Genuß des größten Gutes.

43 Gierig zu sein nach unrechtmäßigem Geld ist frevelhaft, nach rechtmäßigem schändlich. Denn es ist unziemlich, in schmutziger Art zu geizen, selbst wenn es rechtmäßig ist.

44 Wenn der Weise im Blick auf Notlagen mit andern verglichen wird, so versteht er es eher, seinen Anteil anzubieten als anzunehmen. Einen solchen Schatz an Selbstgenügsamkeit hat er gefunden.

45 Nicht Prunkredner, nicht Sprachkünstler, nicht Menschen, welche die in den Augen der Masse aufsehenerregende »Bildung« zur Schau stellen, formt die Naturforschung, sondern selbstbewußte und selbstgenügsame Menschen, die nur auf ihre persönlichen Werte, nicht auf Sachwerte stolz sind.

46 Die schlechten Gewohnheiten wollen wir wie minderwertige Menschen, die uns lange Zeit schwer geschädigt haben, endgültig vertreiben.

47 Προκατείλημμαί σε, ὦ Τύχη, καὶ πᾶσαν ⟨τὴν⟩ σὴν παρείσδυσιν ἐνέφραξα. καὶ οὔτε σοὶ οὔτε ἄλλῃ οὐδεμιᾷ περισπάσει δώσομεν ἑαυτοὺς ἐκδότους· ἀλλ᾽ ὅταν ἡμᾶς τὸ χρεὼν ἐξάγῃ, μέγα προσπτύσαντες τῷ ζῆν καὶ τοῖς αὐτῷ κενῶς περιπλεκομένοις ἄπιμεν ἐκ τοῦ ζῆν μετὰ καλοῦ παιῶνος ἐπιφωνοῦντες ὡς εὖ ἡμῖν βεβίωται.

48 Πειρᾶσθαι τὴν ὑστέραν τῆς προτέρας κρείττω ποιεῖν, ἕως ἂν ἐν ὁδῷ ὦμεν· ἐπειδὰν δ᾽ ἐπὶ πέρας ἔλθωμεν, ὁμαλῶς εὐφραίνεσθαι.

49 (= ΚΔ XII)

50 (= ΚΔ VIII)

51 Πυνθάνομαί σου τὴν κατὰ σάρκα κίνησιν ἀφθονώτερον διακεῖσθαι πρὸς τὴν ἀφροδισίων ἔντευξιν. σὺ δὲ ὅταν μήτε τοὺς νόμους καταλύῃς μήτε τὰ καλῶς ἔθει κείμενα κινῇς μήτε τῶν πλησίον τινὰ λυπῇς μήτε τὴν σάρκα καταξαίνῃς μήτε τὰ ἀναγκαῖα καταναλίσκῃς, χρῶ ὡς βούλει τῇ σεαυτοῦ προαιρέσει. ἀμήχανον μέντοι γε τὸ μὴ οὐχ ἑνί γέ τινι τούτων συνέχεσθαι· ἀφροδίσια γὰρ οὐδέποτε ὤνησεν, ἀγαπητὸν δὲ εἰ μὴ ἔβλαψεν.

52 Ἡ φιλία περιχορεύει τὴν οἰκουμένην κηρύττουσα δὴ πᾶσιν ἡμῖν ἐγείρεσθαι ἐπὶ τὸν μακαρισμόν.

53 Οὐδενὶ φθονητέον· ἀγαθοὶ γὰρ οὐκ ἄξιοι φθόνου, πονηροὶ δὲ ὅσῳ ἂν μᾶλλον εὐτυχῶσι, τοσούτῳ μᾶλλον αὑτοῖς λυμαίνονται.

54 Οὐ προσποιεῖσθαι δεῖ φιλοσοφεῖν, ἀλλ᾽ ὄντως φιλοσοφεῖν· οὐ γὰρ προσδεόμεθα τοῦ δοκεῖν ὑγιαίνειν, ἀλλὰ τοῦ κατ᾽ ἀλήθειαν ὑγιαίνειν.

47 Ich habe dir vorgebaut, du Dämon des reißenden Zufalls, und dein verborgenes Eindringen ganz eingedämmt. Und weder dir noch irgendeinem anderen Strudel werden wir uns selbst preisgeben; sondern wenn uns die Not hinaustreibt, werden wir gewaltig auf das Leben spucken und jene, die sich blind daran klammern. So werden wir aus dem Leben gehen und mit einem schönen Preislied darauf jubeln: »Gut haben wir gelebt!«

48 Versuchen sollen wir, den nachfolgenden Tag vollkommener zu gestalten als den vorhergehenden, solange wir auf dem Wege sind; sooft wir aber an die Grenze kommen, gleichmäßig froh gestimmt sein.

49 (= RS XII)

50 (= RS VIII)

51 Ich erfahre von dir, daß deine körperliche Erregbarkeit ziemlich häufig nach Erfüllung im Liebesgenuß verlangt. Sooft du nun weder die Gesetze brichst noch konventionelle Anstandsgebote verletzest, keinen der dir Nahestehenden kränkst, nicht deinen Körper zerrüttest und nicht unentbehrliche Mittel verschleuderst, geh so, wie du willst, deiner Neigung nach! Unausweichlich indes ist es in der Tat, sich nicht zumindest in eines dieser Hemmnisse zu verstricken. Denn Liebesgenuß hat noch nie genutzt, man darf zufrieden sein, wenn er nicht schadete.

52 Die Freundschaft tanzt rings um den Erdkreis, ja sie heißt uns alle aufwachen zur Seligpreisung.

53 Niemanden soll man beneiden. Denn die Guten verdienen den Neid nicht, die Schlechten ruinieren sich selbst um so mehr, je mehr Glück sie haben.

54 Man soll nicht vorgeben zu philosophieren, sondern tatsächlich philosophieren. Denn wir bedürfen nicht des Gesund-Scheinens, sondern des wahrhaften Gesund-Seins.

55 Θεραπευτέον τὰς συμφορὰς τῇ τῶν ἀπολλυμένων χάριτι καὶ τῷ γινώσκειν ὅτι οὐκ ἔστιν ἄπρακτον ποιῆσαι τὸ γεγονός.

56–57 Ἀλγεῖ μὲν ὁ σοφὸς οὐ μᾶλλον στρεβλούμενος ⟨ἢ στρεβλουμένου τοῦ φίλου· εἰ γὰρ προήσεται⟩ τὸν φίλον ὁ βίος αὐτοῦ πᾶς δι᾽ ἀπιστίαν συγχυθήσεται καὶ ἀνακεχαιτισμένος ἔσται.

58 Ἐκλυτέον ἑαυτοὺς ἐκ τοῦ περὶ τὰ ἐγκύκλια καὶ πολιτικὰ δεσμωτηρίου.

59 Ἄπληστον οὐ γαστήρ, ὥσπερ οἱ πολλοί φασιν, ἀλλ᾽ ἡ δόξα ψευδὴς ὑπὲρ τοῦ ⟨τῆς⟩ γαστρὸς ἀορίστου πληρώματος.

60 Πᾶς ὥσπερ ἄρτι γεγονὼς ἐκ τοῦ ζῆν ἀπέρχεται.

61 Καλλίστη καὶ ἡ τῶν πλησίον ὄψις τῆς πρώτης συγγενήσεως ὁμονοούσης ἢ καὶ πολλὴν εἰς τοῦτο ποιουμένης σπουδήν.

62 Εἰ γὰρ κατὰ τὸ δέον ὀργαὶ γίνονται τοῖς γεννήσασι πρὸς τὰ ἔκγονα, μάταιον δήπουθέν ἐστι τὸ ἀντιτείνειν καὶ μὴ παραιτεῖσθαι συγγνώμης τυχεῖν, εἰ δὲ μὴ κατὰ τὸ δέον, ἀλλὰ ἀλογώτερον, γελοῖον πᾶν τὸ πρὸς ἔκκλησιν ⟨ἐκκαλεῖν⟩ τὴν ἀλογίαν θυμῷ κατέχοντα, καὶ μὴ ζητεῖν μεταθεῖναι κατ᾽ ἄλλους τρόπους εὐγνωμονοῦντα.

63 Ἔστι καὶ ἐν λεπτότητι καθαριότης, ἧς ὁ ἀνεπιλόγιστος παραπλήσιόν τι πάσχει τῷ δι᾽ ἀοριστίαν ἐκπίπτοντι.

55 Behandeln muß man die Schicksalsschläge mit der Dankbarkeit für das Verlorene und mit der Erkenntnis, daß man das Vergangene nicht ungeschehen machen kann.

56–57 Es schmerzt den Weisen nicht mehr, wenn er gefoltert wird, ⟨als wenn sein Freund gefoltert wird. Wenn er aber seinen Freund vernachlässigt,⟩ so wird sein ganzes Leben wegen seiner Treulosigkeit zerrüttet und aus der Bahn geworfen werden.

58 Befreien muß man sich aus dem Gefängnis der Alltagsgeschäfte und der Politik.

59 Unersättlich ist nicht der Bauch, wie die Masse behauptet, sondern die trügerische Meinung vom unbegrenzten Fassungsvermögen ⟨des⟩ Bauches.

60 Ein jeder scheidet aus dem Leben, als sei er gerade geboren.

61 Am schönsten ist der Anblick unserer Mitmenschen dann, wenn das erste Zusammentreffen harmonisch verläuft oder mindestens viel Mühe auf diesen Zweck verwendet wird.

62 Wenn sich nämlich nur, soweit es erforderlich ist, Zornausbrüche der Eltern auf ihre Kinder richten, ist es doch wohl sinnlos, sich zu widersetzen und nicht darum zu bitten, Verzeihung zu erlangen. Wenn es aber nicht nur, soweit es erforderlich ist, sondern eher unvernünftig geschieht, ist jeder Versuch lächerlich, bloß um der Herausforderung willen die Unvernunft ⟨herauszufordern,⟩ indem man erbittert bleibt, statt sich zu bemühen, die Eltern mit verändertem Betragen umzustimmen, indem man verständnisvoll ist.

63 Es gibt auch im einfachen Leben Zurückhaltung. Wer sie außer acht läßt, dem widerfährt Ähnliches wie jenem, der aus Schrankenlosigkeit entartet.

64 Ἀκολουθεῖν δεῖ τὸν παρὰ τῶν ἄλλων ἔπαινον αὐτόματον, ἡμᾶς δὲ γενέσθαι περὶ τὴν ἡμῶν ἰατρείαν.

65 Μάταιόν ἐστι παρὰ θεῶν αἰτεῖσθαι ἅ τις ἑαυτῷ χορηγῆσαι ἱκανός ἐστι.

66 Συμπαθῶμεν τοῖς φίλοις οὐ θρηνοῦντες ἀλλὰ φροντίζοντες.

67 Ἐλεύθερος βίος οὐ δύναται κτήσασθαι χρήματα πολλὰ διὰ τὸ τὸ πρᾶγμα ⟨μὴ⟩ ῥᾴδιον εἶναι χωρὶς θητείας ὄχλων ἢ δυναστῶν, ἀλλὰ συνεχεῖ δαψιλείᾳ πάντα κέκτηται· ἂν δέ που καὶ τύχῃ χρημάτων πολλῶν, καὶ ταῦτα ῥᾳδίως ἂν εἰς τὴν τοῦ πλησίον εὔνοιαν διαμετρήσαι.

68 Οὐδὲν ἱκανὸν ᾧ ὀλίγον τὸ ἱκανόν.

69 Τὸ τῆς ψυχῆς ἀχάριστον λίχνον ἐποίησε τὸ ζῷον εἰς ἄπειρον τῶν ἐν διαίτῃ ποικιλμάτων.

70 Μηδέν σοι ἐν βίῳ πραχθείη ὃ φόβον παρέξει σοι εἰ γνωσθήσεται τῷ πλησίον.

71 Πρὸς πάσας τὰς ἐπιθυμίας προσακτέον τὸ ἐπερώτημα τοῦτο· τί μοι γενήσεται ἂν τελεσθῇ τὸ κατὰ ἐπιθυμίαν ἐπιζητούμενον; καὶ τί ἐὰν μὴ τελεσθῇ;

72 (= ΚΔ XIII)

73 Καὶ τὸ γενέσθαι τινὰς ἀλγηδόνας περὶ σῶμα λυσιτελεῖ πρὸς φυλακὴν τῶν ὁμοειδῶν.

74 Ἐν φιλολόγῳ συζητήσει πλεῖον ἤνυσεν ὁ ἡττηθεὶς καθ᾽ ὃ προσέμαθεν.

64 Von selbst muß das Lob der anderen folgen. Wir aber müssen uns um unsere eigene Heilung kümmern.

65 Sinnlos ist es, von den Göttern zu erbitten, was einer sich selbst zu verschaffen imstande ist.

66 Mitfühlen wollen wir mit unseren Freunden, nicht indem wir jammern, sondern indem wir uns um sie kümmern!

67 Ein freies Leben vermag nicht viel Geld zu erwerben, weil die Sache ⟨nicht⟩ leicht ist ohne Knechtsdienst beim Pöbel oder den Mächtigen. Vielmehr besitzt der Freie schon alles in dauerhafter Fülle. Wenn er aber einmal zufällig viel Geld bekommen sollte, dann könnte er auch dies leicht um der Gunst des Mitmenschen willen verteilen.

68 Nichts ist ausreichend für den, dem das Ausreichende zu wenig ist.

69 Die Undankbarkeit der Seele macht das Lebewesen grenzenlos lüstern nach Speisefinessen.

70 Tue nichts im Leben, was dir Angst bereitet, wenn es von deinem Mitmenschen entdeckt wird.

71 An alle Begierden richte man diese Frage: Was wird mir geschehen, wenn das erfüllt wird, was die Begierde erstrebt, und was, wenn es nicht erfüllt wird?

72 (= RS XIII)

73 Gerade das Auftreten gewisser Schmerzen im Körper ist vorteilhaft zur Abwehr gleichartiger Schmerzen.

74 Bei einem argumentationsfreudigen Streitgespräch erreicht der Unterlegene mehr, insofern er etwas dazulernt.

75 Εἰς τὰ παρῳχηκότα ἀγαθὰ ἀχάριστος φωνὴ ἡ λέγουσα· τέλος ὅρα μακροῦ βίου.

76 Τοιοῦτος εἶ γηράσκων ὁποῖον ἐγὼ παραινῶ, καὶ διέγνωκας ὁποῖόν ἐστι τὸ ἑαυτῷ φιλοσοφῆσαι καὶ οἷον τὸ τῇ Ἑλλάδι· συγχαίρω σοι.

77 Τῆς αὐταρκείας καρπὸς μέγιστος ἐλευθερία.

78 Ὁ γενναῖος περὶ σοφίαν καὶ φιλίαν μάλιστα γίγνεται, ὧν τὸ μέν ἐστι θνητὸν ἀγαθόν, τὸ δὲ ἀθάνατον.

79 Ὁ ἀτάραχος ἑαυτῷ καὶ ἑτέρῳ ἀόχλητος.

80 Νέῳ σωτηρίας μοῖρα τῆς ἡλικίας τήρησις καὶ φυλακὴ τῶν πάντα μολυνόντων κατὰ τὰς ἐπιθυμίας τὰς οἰστρώδεις.

81 Οὐ λύει τὴν τῆς ψυχῆς ταραχὴν οὐδὲ τὴν ἀξιόλογον ἀπογεννᾷ χαρὰν οὔτε πλοῦτος ὑπάρχων ὁ μέγιστος οὔθ' ἡ παρὰ τοῖς πολλοῖς τιμὴ καὶ περίβλεψις οὔτ' ἄλλο τι τῶν παρὰ τὰς ἀδιορίστους αἰτίας.

75 Dem vergangenen Guten gegenüber undankbar ist die Stimme, die spricht: »Schau auf das Ende eines langen Lebens!«

76 Du bist als Greis so, wie ich zu sein mahne, und du unterscheidest, was es bedeutet, für sich selbst, und was, für Hellas zu philosophieren. Ich freue mich mit dir.

77 Der Selbstgenügsamkeit größte Frucht: Freiheit.

78 Der edle Mensch kümmert sich am meisten um Weisheit und Freundschaft. Von ihnen ist die erstgenannte ein sterbliches Gut, die letztgenannte ein unsterbliches.

79 Der in sich unbeschwerte Mensch ist auch dem andern keine Last.

80 Des Jünglings Aufgabe für seine Selbstbehauptung ist die Bewahrung seiner Jugend und die Abwehr derer, die alles besudeln wegen ihrer rasenden Begierden.

81 Es löst die Erschütterung der Seele oder erzeugt eine erwähnenswerte Freude weder der größte Reichtum noch Ehre und Ansehen bei der Masse, noch irgend etwas anderes von dem, was auf schrankenlose Antriebe zurückzuführen ist.

3.

Werkfragmente aus einem Buch über die Ursachen der menschlichen Handlungsfähigkeit

[17] 6 II

[ἀπο]τελεῖται τὰ μὲν κα-
τ' ἐπείσοδον, τι[[ṫ]]ν̣ῶν ἀ-
πογεγεννημένων,
[[α]]τὰ δέ καθ' ὁμούρησιν
καί που καὶ τὸ μὴ αἰωρού-
μενον τῆς φύσεως, ἀλ-
λὰ τοῦ ἐν [ἑαυτ]ῶι τ[έ-]
λου[ς μν]ήμην καὶ [ἐπι-]
λογ[ισμ]ὸν λαμβά[νον]
κατὰ [τὸ πλέον] ἢ ἔλατ[τον,]
ἔτι δ' ἀ[νάλογ]ον τ[ούτοις]

[18] 6 III

ἐμέμνητο καὶ [ἐ]λά[μβα-]
[νε τ]ῆι μνήμη[ι ὃ παρ-]
εῖχε τῶι φυσικῶι [τ]έλει
τὸ χαρτὸν ἢ τὸ λυ[πηρόν,]
[ὥς π]άνυ προκατ[έγρα-]
φον, ἐν δόξαις ἢ ἄλλ[ως·]
ποσὸν [δ]ὲ δὴ μεμ[νημέ-]
[[τονου]]νου [. . .]εινωμε –
ὃ τηλ[ικο]ύτως ευ – – –
νονε . . . [– – –] – – – –

[19] 6 IV

ποτὲ ἀπεμ[νημόν]ευεν ἢ
ἀνάλογον τ[ῆι μ]νημον[εύ-]
σει πάθος ἰσχά[νετο καὶ δὴ]
καὶ ἐνδιέτριβ[έ π]οθε[ν ἡ-]
συχίει τε καὶ τῶν δε[ινῶν]

[17] 6 II

Zustande gebracht werden (Impulse) zum einen durch das Eindringen (von Sichtbildern und anderen Wahrnehmungsreizen), wenn sich bestimmte (Prägungen[1]) ausgeprägt haben, zum andern durch die Nachbarschaft[2] (zwischen Seelen- und Körperatomen) und wohl auch durch jenes Moment[3] des Organismus, das sich nicht lediglich aufreizen läßt, sondern bezüglich der in ihm selbst angelegten Vollendung[4] Erinnerungs- und Reflexionsvermögen[5] erlangt entsprechend dem (Kriterium des) mehr oder weniger; ferner analog dazu ...

[18] 6 III

(Jenes Moment des Organismus) erinnerte sich und erfaßte durch sein Erinnerungsvermögen, was seiner anlagegemäßen Vollendung das Erfreuliche oder das Schmerzliche verleihen sollte – wie ich bereits zuvor gründlich beschrieb –, und zwar in Form von Erwartungen oder auf andere Art ...

[19] 6 IV

Einst erinnerte sich (jenes Moment des Organismus) oder nahm eine dem Erinnerungsvermögen analoge Reizempfänglichkeit an, und so beschäftigte es sich denn (mit der Frage,[6]) wodurch es zur Ruhe finden werde, und hat durch Betrachtungen darüber,

κα[ὶ με]γίστους φόβους [ἐπ-]
α[γόν]των ἐπισκέψ[εσι πα-]
ρ[ὰ τὰ ἐμ]πίπτον[τα ἡμῖν ἀό-]
ρ[ιστα καὶ μά]λιστα τ[ὸν ἀπὸ]
φυ[σικοῦ] πάθους φόβ[ον] κατὰ
[τοὺς ἀνθ]ρώπους καὶ κα[τ]ὰ τὰ
ὑπ[ὲρ ἄν]θρωπον [τὴν ἀλ]ήθ[ει-]
[αν κατὰ τὸ] ὡρισμένον ἐζ[ήτει]
[καὶ τοῦ συνε]χοῦς καὶ πο[τὲ]
[καὶ το]ῦ ἀφανοῦς καὶ[
– – – – νδα[

[20] 7 I

πά-]
θος ἀνάλογον ὧν ἔδει μᾶλλον
ἐνεγείνετο, πρὸς τὸ ὡρισμένον
καὶ τὰ πάντα ἐξελέγχον τῆς
ἀναφορᾶς γινομένης, καὶ οὐ
πρὸς ἀόριστα καὶ κρίσεως προσ-
δεόμενα. αὕτη δ' αὖ πάλιν ἡ
τούτου μνήμη ἢ ἀνάλογος μνή-
μηι κίνησις τὰ μὲν συνεγεγέν-
[νη]το εὐθύς, τὰ δ' ηὔξητο, τὴν
[ἀρχ]ὴν ἔχουσα καὶ τὴν αἰτίαν,
[ἧ]ι μὲ]ν τεῖ πρώτει συστάσει
[τῶ]ν τε ἀτόμων ἅμα καὶ τοῦ
[ἀπ]ογεννηθέν[τος], ἧι δὲ τεῖ ἐ-
[παυ]ξομένει· ο[ὗ π]άντα δρῶ-
[μεν, τῶ]ν ἀτόμ[ων ἅμ]α καὶ αὐ-
[τοῦ τοῦ ἀ]πογε[γεν]νημένου
]γ̣κ[– – –]ιτιζουνεπε
]νησασιν. .

was schreckenerregend ist und größte Ängste hervorruft wegen der auf uns eindringenden, uneingrenzbaren (Sichtbilder und Wahrnehmungsreize,) sodann besonders wegen der aus körperlicher Leiderfahrung stammenden Angst vor den Menschen[7] und vor dem Übermenschlichen[8], nach der Wahrheit in bezug auf die eingegrenzte Vollendung[9] (unserer Anlage) geforscht und des Stetigen und wohl auch des sinnlich Unfaßbaren und ...

[20] 7 I

Es wurde eine Reizempfänglichkeit analog zu jenen, die noch eher erforderlich waren, eingeprägt, indem sich zu der eingegrenzten Vollendung (unserer Anlage,) die alle (ziellosen Reizabläufe) vereitelt, eine (stete) Rückmeldung herstellte, nicht etwa zu uneingrenzbaren und der Prüfung bedürftigen (Erfüllungen.) Diese Erinnerung an diese (Vollendung) oder eine der Erinnerung analoge Bewegungsabfolge hatte ihrerseits wieder die einen (Impulse) sogleich von sich aus erzeugt, die andern hatte sie entwickelt, weil sie den Ursprung und den Ursachenzusammenhang enthält, zum einen für die ursprüngliche Organisation[10] der Atome und zugleich der jeweiligen Prägung, zum andern für die sich entwickelnde Organisation. Auf solche Weise vollziehen wir alle Handlungen, indem die Atome und zugleich die Prägung von sich aus ...

[21] 7 II

γί-]
νεσθαι κατὰ τὸν π[ρ]οειρημέ-
νον τρόπον καὶ τῶν [α]ὐτῶν
ἀπεργαστικὰ εἶνα[ι]. πολλὰ δὲ
καὶ τῶνδε καὶ τῶν[δε φ]ύσιν ἔ-
χοντα ἀπεργαστικὰ [γί]νεσθαι,
δι' ἑαυτὰ οὐ γίνεται ἀ[πε]ργασ-
τικά, οὐ διὰ τὴν αὐτὴν αἰτία[ν]
τῶν τε ἀτόμων καὶ ἑαυτῶν. οἷς
δὴ καὶ μάλιστα μαχόμεθα καὶ
ἐπιτιμῶμεν [ἐν⟨ν⟩]οοῦντες κατὰ
τὴν ἐξ ἀρχῆ[ς τ]αραχώ[δη] φύ-
σιν ἔχοντα, κα[θὰ]περ ἐπὶ τῶν πά[ν-]
των ζώιων· [οὐ]θὲν γὰρ αὐτ[ο]ῖς
[συν]ήργηκεν [εἰς ἔ]νια ἔργα τε κ[αὶ]
μεγέθη ἔργω[ν] καὶ διαθέσεων
[ἡ τ]ῶν ἀτόμ[ων φ]ύσις, ἀλλ' αὐτὰ
[τὰ ἀ]πογεγε[ννημ]ένα τὴν [πᾶ-]
[σαν ἢ] τὴν πλε[ίσ]τ[ην] κέ[κτηται αἰ-]
[τί]αν τῶν δρ[ωμένων], ἐκ δ' ἐκ[εί-]
[νης ἔν]ιαι τ[ῶν ἀτόμ]ων κιν[ή-]
[σεις τα]ραχώ[δεις κέκτ]ηντα[ι,]
[οὐχὶ διὰ τὸ ἀόριστον π]άντως
]ιον[.
]χοντος[

[22] 7 III

σεσθαι μαχόμεν[οι πολ-]
λοῖς ἅμα τῶν ἀν[θρώ-]
πων καὶ νουθε[τοῦν-]
τ[ε]ς, ὃ τῆι τοῦ αὐτο[ῦ τρό-]

[21] 7 II

(Prägungen) entstehen auf die zuvor besprochene Art und sind fähig, (immer) dieselben (Impulse) hervorzubringen. Viele Prägungen, welche die Anlage haben, diese oder jene (Impulse) hervorbringen zu können, werden nur durch sich selbst unfähig, (einen bestimmten Impuls) hervorzubringen, nicht deswegen, weil ihr eigener Ursachenzusammenhang und jener der Atome derselbe wäre. Mit ihnen haben wir ja am meisten zu kämpfen und zu hadern, wenn wir sie im Vergleich mit jenen (Prägungen) betrachten, die eine vom Ursprung her erschütterungsreiche Anlage haben, wie es bei allen Tieren der Fall ist. Denn überhaupt nicht wirkt bei ihnen für einige Handlungen und Dimensionen von Handlungen und Befindlichkeiten die Eigengesetzlichkeit der Atome mit, sondern die Prägungen allein enthalten bereits den gesamten oder mindestens den weitestreichenden Ursachenzusammenhang der Handlungen, und nur aus ihm besitzen einige Atome erschütterungsreiche Bewegungsabläufe, nicht wegen der Unbestimmtheit ganz und gar ...

[22] 7 III

..., indem wir viele Menschen zugleich bekämpfen und zurechtweisen, was sich zu dem immer in gleicher Weise mit Notwen-

που κατ' ἀνάγκην [αἰτί-]
[αι] ὑπεναντίον ἐσ[τιν].

οὕτως, ἐπειδὰν
ἀπογεννηθῇ τι λανβάνον
«τινὰ ἑτερότητα τῶν ἀτόμων κατά»
τινα τρόπον διαληπτικόν, οὐ
τὸν ὡς ἀφ' ἑτέρου δ[ι]αστήματος,
ἰσχάνε[το τ]ὴν ἐξ [ἑ]αυ[τοῦ] αἰτί-
αν, εἶτ' ἀ[να]διδ[οὺς] εὐθὺς μ[ὲ]ν [μέ-]
χρι τῶν [πρ]ώτω[ν] φύσε[ω]ν καὶ
[γ'] ἀν[αφορὰν π]ᾶσαν αὐτ[ῆς ἐπ]οι-
εῖ[θ'] ὅθε[ν περ ἔδει· κ]αὶ οἱ μὴ δυ[νά]με-
νοι κατ[ὰ τρόπο]ν [τ]ὰ τοι[αῦτ]α δι-
αιρεῖν [χειμάζο]υσ[ι]ν αὐτοὶ μὲ[ν]
κα[ὶ τὴ]ν [τού]των ἀ[πό]φασιν
καὶ το.......τωσ.......ν
ναμε......στον μα....ν
.α καὶ σ..... μεν κα[

[24] 7 V

κατηγοροῦμεν [σ]υσ[τάσ]εως καὶ
οὐ κατ' αὐτὸ ἢ καὶ αὐτὴ⟨ν⟩ προσαγο-
ρευ[ο]μένης· κἂν κατὰ διάνοιαν
δ' ε[ἴς τι] ἐκβιάζηται ἡ πρώτη σύ-
στ[α]σις τοῦ ἀπογε⟨γε⟩ννημένου, μὴ
ἐξ ἀνάγκης μέχρι τωνδί τινων
το[ι]ο[ῦ]δε ἀπογεννωμέ[νου, ἀλ-]
λὰ μέχρι μὴν τοῦ ψυχὴν γενέσ-
θαι ἢ καὶ τοσα[υ]τηνὶ διάθεσιν
καὶ κίνησιν ἔχουσαν ψ[υ]χὴν ἐ-
ξ ἀνάγκη[ς τοιοῦδ]ε ἀπογ[ενν]ω-
μένου ἐκ [τῶν τοι]ούτ[ων, μέ]χρι
δέ τ[ο]ῦ τοιαν[δὶ ψ]υχὴν [ἢ τοιανδὶ]

digkeit wirkenden Ursachenzusammenhang widersprüchlich verhält.

... auf solche Art, wenn sich etwas ausprägte, das eine gewisse Andersartigkeit der Atome annahm wegen einer bestimmten unterscheidungsfähigen Verhaltensweise[11] – nicht (als leite sie sich) von einer andersartigen Dimension her –, erfaßte es den aus ihm selbst wirkenden Ursachenzusammenhang, dann übertrug es ihn sofort bis zu den ersten Elementen und bewirkte seine vollständige Rückmeldung, von wo aus es auch immer erforderlich war. Und jene, die nicht imstande sind, methodisch derartige Abläufe aufzugliedern, fühlen sich schon von allein bedrängt und die Leugnung[12] dieser Abläufe ...

[24] 7 V

Wir treffen eine Aussage über die »Organisation«, und zwar nicht jene, die an und für sich so bezeichnet wird: Wenn also innerhalb des Bewußtseins die ursprüngliche Organisation der Prägung auf einen bestimmten (Impuls) hindrängt, wobei eine derartige Prägung sich nicht mit zwingender Notwendigkeit bis hin zu genau festgelegten (Impulsen) ausprägt, sondern sich auf Grund solcher Voraussetzungen mit zwingender Notwendigkeit tatsächlich nur bis zu dem Punkt ausprägt, wo »Seele«[13] entsteht oder besser: »Seele«, die eine bestimmte Befindlichkeit und Bewegungsabfolge hat; wenn eine derartige Prägung sich jedoch nicht mit zwingender Notwendigkeit bis zu dem Punkt ausprägt, wo eine eindeutig so oder so festgelegte Seele entsteht;

[οὐκ] ἐξ ἀνάγκ]ης το[ιουδ]εὶ
[ἀπογεν]νωμέ[νου, ἢ οὐ]κ ἐπε[ιδὰν]
[πρ]οβῆι γε τ[ῆι ἡλικίαι] τ[οιοῦδ]ε ἀ-

πογενν[ωμ]ένου [κα-]
τ' ἀνάγκ[ην,] ἀ[λλ' ἐξ]

ἑαυ[το]ῦ δ[ὴ] ὑ[φι-]
[σταμέ]νου καὶ ṭ[ὸ] ἕ[τ]ερ[ον]
[τῆς αἰτ]ίας καὶ [ἰδ]ίω[ν
.....αι...κἄγ [γε] νουθ[ετ

[25] 7 VI

ἔνια κατὰ βραχύ τι μηδὲ βι-
αζ[ό]μενον καὶ ἀντιτῖνον
κ[αθ'ἕν

τι πρᾶγμα. ἀλλὰ τὰ αὐτὰ πάν-
τ' ἔχον οὐκ ἐ[ξαιρ]ούμεθα τῆς
αἰτίας τὸ ἀπ[ογεγ]εννημένον,
ἀλλ' ἕν τι ποιοῦν[τες] αὐ[τ]ὸ καὶ
τὴν σύστασιν, [τὴν μὲν κα]θαίρο-
μεν, τὸ δ' οὐ νο[μίζο]μεν. πά[μ-]
πολλα δὲ οὐδὲ κατά τινας ἐθισ-
μ[οὺς] ἄνευ νοῦ λέξεως μετα-
κ[οσμ]οῦμεν· [τὸ] γὰρ ἐξαιρού-
μενον τῆς αἰτίας κατ' ἀνάγ-
κην [μὲ]ν δεῖ ὑ[πὸ τῆ]ς ἐξ ἀρχῆ[ς]
σ[υστάσ]εως ἐξαιρ[εῖ]σθαι οὐ τὴ[ν]
αὐτ[ὴν] ἐκείνηι περαῖνον. ἂν δ[' ἐ-]
κ[λαμβάνηι] ζηλ[ωτὴν, ἑ]αυτοῦ ἤ-
[δη

αἰτίαν ἔ[χ]ει [ἀν-]
όμοιον τῆι ἐ[ξ ἀ]ρχῆς συσ[τά-]

wenn ferner eine derartige Prägung sich nicht mit zwingender Notwendigkeit ausprägt, sobald der Mensch im Alter fortgeschritten ist, sondern nunmehr aus sich selbst existiert und die Andersartigkeit ihres Ursachenzusammenhangs und ihrer besonderen[14] ...

[25] 7 VI

Selbst wenn sie einige (Impulse) allmählich nicht einmal mehr erzwingt und sich in keiner einzigen Angelegenheit widersetzt, sondern insgesamt dieselben (Impulse) wie die ursprüngliche Organisation hat, berauben wir die Prägung nicht ihres Ursachenzusammenhangs. Sondern wir können, wenn wir aus ihr und der Organisation eine Einheit[15] herstellen, zwar diese entlasten, jene aber glauben wir dadurch nicht entlasten zu können. Sehr vieles können wir nämlich nicht einmal mit Hilfe unsinniger Sprachgewohnheiten umkehren. Denn was seines Ursachenzusammenhanges beraubt wird, müßte mit Notwendigkeit von seiten der ursprünglichen Organisation beraubt werden, insofern es nicht den gleichen (Ursachenzusammenhang) wie jene zustande bringt. Wenn man aber den Nebenbuhler wegnimmt, wird die Prägung nunmehr einen Ursachenzusammenhang für

σει φαύλ[η]ι οὔσ[ηι][[υ]]. ἔτι μᾶλλον
ἐνίοτ[ε κ]ακίζομεν· ἐν νου-
θετή[σει, τ]ῶι μέντοι μᾶλλον
τρόπω[ι] καὶ οὐχ ὥσπερ
[τ]ὰ ἄγρια τῶν ζώιων, [καθ]αί-
ρομεν ὁμοίω[ς α]ὐ[τ]ὰ
τὰ ἀπογεγε[νν]ημέν[α κ]αὶ
τὴ[ν] σύστασ[ιν] ε[ἰ]ς ἕν [τ]ι συμ-
π[λ]έκοντες· [οὐ] μὴν ο[ὔ-]
[τε τῶ]ι νουθε[τητι]κ[ῶι τ]ρό-
[πωι] καὶ ἐτα[νορθ]ωτ[ικῶι οὔ-]

τε τῶι [ἄ-]
γα[ν] ἀ[παραιτη]τικῶι χ[ρ]ώ-
μ[εθ]α

[26] 7 VII

ἐκ τῆς πρ]ώτης ἀρχῆς ὅπερ ἀ-
]ωγα τὰ μὲν εἰς τα[δεί,]
τὰ δ' εἰς ταδεί, τὰ δ' εἰς ἄμφ[ω· ταὐ]
τά [ἐ]στιν ἀεὶ [καὶ] πρά[ξ]εων [καὶ]
διανοήσεων καὶ δια[θέσε]ων [καὶ]
[π]λει.....λαυτωι. ῷσ]ṭ[ε] παρ' ἡ-
μᾶς [τότε] ἁπλῶς τὸ ἀπογεγεν-
νη[μένον ἤ]δη [γείνεσ]θαι [τοῖα]
ἢ τοῖ[α, καὶ τὰ ἐ]κ το[ῦ περι]έχον[τος]

[κατ'] ἀνάγκ[ην]
[δι]ὰ τ[οὺς] πό[ρους] εἰσρέο[ν]τα

παρ' ἡμᾶς π[ο-]
τε γε[ίνε]σθαι καὶ παρὰ τ[ὰς]
ἡμε[τέρα]ς [ἐ]ξ ἡμῶν αὐτ[ῶν]
δόξ[ας. καὶ] εἰ [π]αρὰ τὴν φ[ύ-]
σι[ν] α[ὐτο]ὺς [......].υκ

sich selbst enthalten, der unterschieden ist von der ursprünglichen, nunmehr schwachen Organisation. Noch mehr gilt dies, wenn wir bisweilen schelten. Beim Tadeln – gerade in einer heftigeren Form, doch nicht wie die wilden Tiere – entlasten wir gleichermaßen die Prägung für sich und die Organisation, insofern wir sie zu einer Einheit verflechten. Wir äußern uns allerdings weder in der Form des Tadelns und Zurechtweisens noch des allzu unerbittlichen Auftretens ...

[26] 7 VII

Von ihrem ersten Ursprung her ... steuern die Prägungen bisweilen in diese, bisweilen in jene, bisweilen in beide (Richtungen,) und zwar sind es jeweils die gleichen bei Handlungen, Gedanken, Befindlichkeiten und ..., so daß es dann einfach bei uns liegt, ob die Prägung sich nunmehr zu diesen oder zu jenen (Impulsen) ausprägt, während die aus dem umgebenden Raum mit Notwendigkeit durch die Poren in uns eindringenden Sichtbilder sie bisweilen sogar gegen unsere aus uns selbst stammen-

ϱ. . .[. . .]ει[. . . .]ετ[.]σ[
. . . .[. . .].α. . . . .α.χε[
. . . . .ν[.]υ. . . .σε. . .[
. . . .νε.σε. . . . . . .δε.[

[27] 7 VIII

εστήκει, ὧν οὐ [μὴν ἀ]πολείπει
τὰ πάθη τοῦ γίνε[σθαι τῶι ν]ουθε-
[τ]εῖν τε ἀ[λλ]ή[λους καὶ μ]άχε[σ-]
θαι καὶ μεταρυθ[μίζ]ειν ὡς ἔ-
χοντας καὶ ἐν ἑα[υτο]ῖς τὴν αἰ-
τίαν καὶ οὐχὶ ἐν τῆι ἐξ ἀρχῆς ⟨μόνον⟩
[συσ]τάσει καὶ ἐν τῆι το[ῦ π]εριέχον-
τος καὶ ἐπεισιόντος κ[ατ]ὰ τὸ αὐ-
τόμα[τον ἀ]ν[άγ]κ[ηι. εἰ γ]άρ τις
καὶ τῶ[ι νουθε]τε[ῖν] καὶ τῶ[ι] νου-
θετεῖσθα[ι τὴν κ]ατὰ τὸ α[ὐτό]μα[τ]ον
[ἀνάγκην προσνέμει, οὐκ ἔχ]ει τοῦ ⟨ὡσαύτως⟩
[ὑ]πάρχο[ντος] τὴ[ν αἰτίαν] ποῦ

[28] 7 IX

τοσ[αύτ]ης πλάνης. περικά[τω]
γὰρ ὁ το[ι]οῦτος λόγος τρέπεται
καὶ οὐδέποτε δύναται βεβαι-
ῶσαι ὡς ἔστι τοιαῦτα πάντα
οἷ' ἃ τὰ κατ' ἀνάγκην καλοῦμεν,
ἀλλὰ μάχεταί τινι περ[ὶ] αὐτ[ο]ῦ
τούτου ὡς δ[ι' ἑ]αυτὸν ἀβελτ[ε]ρευ-
ομένωι· κἂν εἰς ἄπειρ[ον ἧ]ι πά-
λιν κατ' ἀ[νά]γκην τοῦτο πράτ-
τειν ἀπὸ λόγων ἀεί, οὐ[κ ἐ]πιλο-
γίζεται [ἐν] τῶι εἰς ἑα[υτὸ]ν τὴν
αἰτίαν [ἀνάπτ]ειν [τοῦ κατὰ τρό-]

den Erwartungen erzeugen. Und wenn sie gegen unsere Anlage ...

[27] 7 VIII

Hinter ihnen stehen keineswegs die Affekte darin zurück, daß sie entstehen, indem wir einander tadeln und bekämpfen und umstimmen, weil wir überzeugt sind, die Menschen hätten auch in sich selbst den Ursachenzusammenhang und nicht allein in der ursprünglichen Organisation und in der zwingenden Notwendigkeit des uns Umgebenden und des unwillkürlich eindringenden (Reizstromes oder Bildflusses.) Denn wenn jemand auch dem Tadeln und Getadeltwerden eine unwillkürlich wirksame, zwingende Notwendigkeit beimißt, vermag er nicht den Ursachenzusammenhang des in gleicher Weise bestehenden ...

[28] 7 IX

... eines so großen Irrweges. Denn eine solche Schlußfolgerung gerät in einen Zirkel und vermag niemals zu erhärten, daß alle derartigen Abläufe ebenso beschaffen sind wie jene, die wir »Abläufe mit zwingender Notwendigkeit« nennen; vielmehr kämpft (der Vertreter dieser Position[16]) mit einem um dieses Problem, als könne man sich aus eigenem Antrieb[17] willkürlich irren. Selbst wenn es möglich wäre, dies wiederum bis ins Unendliche mit zwingender Notwendigkeit durch Schlußfolgerungen immerzu weiterzuführen, so reflektiert er nicht darüber, daß er nur, indem er in sich selbst die Ursache dafür verlegt,

πον [λελογίσϑ]αι, εἰς [δὲ τὸν ἀμφι-]
[σβ]η[τοῦντα το]ῦ [μὴ κατὰ τρόπον]

εἰ δὲ μὴ ἀπο-
λήγοι [εἰ]ς ἑαυτό[ν], ἀλλ' εἰς τὴν
[ἀν]ά[γκην] τ[ι]ϑείη, [ο]ὐδ' ἂν ἕ[τερ]α
[ποιεῖν] ------ επ -- [

τὸ δι' ἡμῶν]
αὐτῶγ καλούμενον τῶι
τῆ[ς] ἀνάγκης ὀνόματι προσ-
αγ[ο]ρεύ[ων ὄν]ομα μό[νο]μ με-
τατίϑετα[ι καὶ οὐκ] ἐπ[ιδ]ίξει
ὅτι τοιοῦτο[ι οἵ] μοχϑη-
[ροί εἰσι τῶι μὴ πα]ϑεῖν τα[ὐ-]
τὸν [ὅπερ] δι' ἡμῶ[ν αὐ]τῶν αἰ-
[τιολ]ογ[οῦντες] καλ[οῦμεν

[29] 7 X

γενέσϑαι, ἀλ[λὰ μό]νον [τοῦ]το,
δι' ἀνάγκην καν[...]πο[.]ειαν
φατε. ἂν δὲ μή τις τοῦτο ἀπο-
δείξει, μηδ' ἔ[χ]ει ἡμῶν [τι] συν-
εργὸν μηδ' ὅρμημα ἀπο[τ]ρέ-
πειν ὧν καλοῦντες δι' ἡμῶν
αὐτῶν τὴν αἰτίαν συντελοῦ-
μεν, ἀ[λλ]ὰ π[ά]νϑ' ὅσ[α] νῦν δι' ἡ-
μῶν ἀ[ποδοκι]μάζοντες τὴν
αἰτίαν [πως διαβ]ε[βαι]ούμεϑα
πράττε[ιν, κατὰ μώραν ἀ]νάγ-
κην [προσαγορεύων, ὄνομα μό-]
νον

ἀμεί[ψ]ει, ἔργον [δ'] οὐϑὲν
ἡμῶν μετα[κ]οσμήσ[ει], ὥσ-

methodisch geschlossen zu haben, in seinen Gegner aber, unmethodisch geschlossen zu haben ...
Wenn er aber nicht bei sich selbst endet, sondern die Schlußfolgerungen in den Bereich zwingender Notwendigkeit verweist, könnte er nichts anderes tun ... Wenn er jenes Moment, das »durch uns selbst« genannt wird, mit dem Namen der zwingenden Notwendigkeit belegt, vertauscht er allein den Namen und wird nicht aufweisen können, daß etwa deswegen die Verbrecher solche Menschen sind, weil sie nicht dasselbe Moment reizt, das wir, wenn wir die Ursachen erforschen, »durch uns selbst« nennen.

[29] 7 X

... (nicht durch uns selbst) geschehe, sondern allein dies: aus Notwendigkeit ...
Wenn einer zwar dies nicht beweisen kann und nicht in der Lage ist, ein von uns aus mitwirkendes (Moment) oder auch nur einen Impuls (von jenen Handlungen) abzuhalten, deren Ursachenzusammenhang wir »durch uns selbst« nennen, wenn wir sie vollziehen, aber all jenen Handlungen, die wir jetzt so auszuführen versichern, daß wir den »durch uns selbst« genannten Ursachenzusammenhang irgendwie zurückweisen, aus Dummheit »Notwendigkeit« zuspricht: so wird er einzig den Namen vertauschen, aber keine unserer Handlungen umwandeln. Ähnlich

περ ἐπ' ἐνίων ὁ συνο[ρ]ῶν τὰ ποῖα κατ' ἀνάγκην ἐστίν, ἀ[πο-] τρέπειν εἴωθε τοὺς προθ[υ-] μουμένους παρὰ βίαν τι π[ρ]άτ- τειν.

ζητήσει δ' ἡ διάνοια εὑ- ρεῖν τὸ ποῖο[ν ο]ὖν τι δεῖ νομί- [ζε]ιν τὸ ἐξ [ἡμ]ῶν αὐτῶ[ν ἢ] [πρ]αττόμενον ἢ προθυ[μού-] [μενον πράτ]τειν· οὐ γὰρ ἔχει ἄλ- [λο τι λέγειν], εἰ μὴ φα[ίη τὸ] ποῖον [κατ' ἀνάγκην] ἐσ[τὶ καὶ] [τὸ ποῖον παρ' ἡμᾶς

[30] 7 XI

μάλιστα ἀδιανοήτων. ἂν δέ τις τοῦτο μὴ πα- ραβιάζηται μηδ' αὖ ὃ ἐξελέγχει γε ἢ εἰσφέ- ρει [π]ρᾶγμα »ἢ« ἐκτιθε[ῖ], φον[ὴ] μόνον ἀμ[ίβε]ται, καθά- περ πάλαι θρυ[λῶ. οἱ] δ' αἰτιολ[ο-] γήσαντες [ἐξ ἀρχῆς ἱκανῶς]

καὶ ο[ὐ] μό[νον τ]ῶν προ[τ]έ[ρ]ω[ν] πολὺ διενέγκαντες ἀλλὰ καὶ τῶν ὕστερον πολλαπλ[α]σίως, ἔλαθον ἑαυτούς, κα⟨θά⟩περ ἐν πολλοῖς, με- γάλα κουφίσαντες ἐν τõ τ[ὴ]ν ἀ- νάκγην καὶ ταὐτόματον πάν- τα [αἰτιᾶσ]θαι. [ὁ δὴ] λόγο[ς αὐ]τὸς ὁ τοῦ[το] διδάσκ[ω]ν [κα]τε[άγ]ν[υ-] το κα[ὶ ἐ]λάμβα[νε] τὸν [ἄν]δρα

(verhält sich,) wer für einige (Handlungen) überblickt, welche zwingender Notwendigkeit unterliegen, und deswegen regelmäßig jene abzuhalten versucht, die sich entschließen, gegen Zwang etwas auszuführen.
Der Verstand wird versuchen, herauszufinden, wie man eine (Handlung) bestimmen muß, die wir aus uns selbst entweder ausführen oder entschlossen sind auszuführen. Denn er vermag nichts anderes auszusagen, wenn er nicht ausdrücken könnte, welche Handlung zwingender Notwendigkeit unterliegt und welche in unserer Hand ist ...

[30] 7 XI

... besonders der gedanklich unfaßbaren Zusammenhänge. Wenn jemand dieses (Argument) nicht gewaltsam verdreht und keinen Sachverhalt vorbringt oder darlegt, der es widerlegt, dann wechselt allein die Ausdrucksweise, wie ich schon seit langem behaupte. Jene,[18] die am Anfang die Ursachen zureichend erforschten und sich nicht allein von den früheren Ursachenforschern weit abhoben, sondern in vielfältiger Weise auch von den späteren, merkten nicht – wie auch bei vielen anderen (Problemen) –, daß sie gewichtige (Probleme) zu sehr erleichterten, indem sie die zwingende Notwendigkeit und die unwillkürliche Gesetzmäßigkeit für alle (Abläufe) verantwortlich erklärten. Bereits die Begründung, die dies lehrte, scheiterte an sich selbst und überführte den Mann[19] so, daß er durch seine Hand-

το[ῖς ἔργο]ις [πρὸς] τὴν [δόξαν σ]υν-
κρού[οντ]α, κ[αὶ εἰ μὴ λήθη τις]
ἐπὶ τῶν ἔργων τῆς δόξης ἐνε-
γείνετο, συνεχῶς ἂν ἑαυτὸν
ταράττοντα, ἧι δ' ἐκράτει τὸ
τῆς δ[ό]ξης, κἂν τοῖς ἐσχάτοις
[πε]ριπε[ί]πτοντα, ἧ[ι δὲ] μὴ ἐκρά-
[τει, σ]τάσ[ε]ως ἐμ[πιμ]πλάμενον
διὰ τ[ὴν] ὑπεναντιότητα τῶν
[ἔργ]ων καὶ [τῆς δόξη]ς. τού-
[των] οὖ[ν οὕτ]ως [ἐχό]ντων,
δεῖ κρ[ιτήριον λέγει]ν ἐξ [ἀρ-]
χῆς

εἰς τὸ
ταῦτα παρεκκαθαίρειν [ὃ]
ἀ[φι]κόμην ἀποδιδόναι α[
μ[...]και[
θήσε[ι] λ[α]μβανομέ[νας·] εἰ
δὲ καὶ ἐπὶ ἡσ[υ]χίας ἐξ ἀρ-
χῆς καὶ ἐκ θαύμα[τ]ος [ἰ]σχύ-
[ει.....]μετο[

[31] 7 XII

]κη δὲ κα[τ' ἀ]νά[γκη]ν
ἀμφότερα κέκτητ[αι τ]ὴν αἰτί-
αν καὶ μὴ συνεπεσπασμένα
τὰ ἕτερα ὑπὸ τῶν ἑτέρων μη-
δὲ συνεπισπώμενα καὶ βια[ζό-]
μενα παρά τε χρόνους πολλὰ
τῶν τοιούτων συμπίπτειν
κα[ὶ] ἡλικίας καὶ ἄλλας αἰτίας, ὅθεν
[καὶ τὸ τοῦ τέλους] αὐτοῦ ἐπιλόγισ-
[μα εἶχε μὲν] καὶ ἡ ἀρχὴ τὴν αἰ-

lungen mit seiner Lehre in Widerstreit geriet und – falls sich in ihm bei seinen Handlungen nicht bezüglich seiner Lehre eine Art Erinnerungsverlust ausprägte – wie er sich ständig selbst verwirren und, sollte der Einfluß seiner Lehre überhandnehmen, erst recht äußerster Not anheimfallen mußte; sollte er aber nicht überhandnehmen, daß er dann von Aufruhr erfüllt werden mußte wegen des Widerspruchs zwischen seinen Handlungen und seiner Lehre. Da sich dies nun so verhält, muß man von Anfang an eine Urteilsinstanz nennen, um diese Probleme zu bereinigen. Wir sind bis dahin gekommen, sie anzugeben ...

[31] 7 XII

... mit Notwendigkeit besitzen beide (Arten von Bewegungsabläufen) ihren eigenen Ursachenzusammenhang, und zwar nicht so, daß die einen (Bewegungsabläufe) von den andersartigen (ständig) mitgeschleppt werden, nicht einmal so, daß, wenn sie mitgeschleppt und erzwungen werden, viele derartige (Bewegungsabläufe) infolge der Zeiten und Lebensalter und anderer Ursachen zusammenfallen; (sondern so:) woher die Reflexion auf die eigentliche Vollendung (unserer Anlage) und der Ursprung (des vollendeten Lebens) ihren Ursachenzusammenhang

τίαν, εἴχο-
μεν δὲ [κ]αὶ ἡμεῖς. ἣν δὲ τὸ
ἐξ ἡμ[ῶ]ν ἐπαίσθησις τοῦ
εἰ μὴ ληψόμεθα τίς ὁ κα-
[νὼ]ν καὶ το[ὐπικρεῖνον]
πάντα τὰ διὰ τῶ[ν] δοξῶν
περαινό[με]να, ἀλλ' ἀκολ[ο]υθήσο-
μεν [ἀ]λόγως ταῖς τ[ῶ]ν πολλῶν
φοραῖ[ς], οἰχήσετ[α]ι πάντα [κ]αθ' ἃ
διε[ρευνώ]μεθά τι καὶ ὑπεροχῇ
[γίνεται καὶ ἐλλείψει. εἰ] δ' αὖ τὸ
[ἄ]κ[ριτον ἔμε]νέ τε ἀίδ[ι]ον καὶ [ὥ-]
σπε[ρ κριτή]ρι[όν] τι, ὡς [εἰκός, μώ]ρω[ν]
ἔπα[ρσ]ις προσ[δ]οκημ[άτων ἦ]ν,
π[ροσόν]τος δὲ τοῦ ὀν[ό]μ[ατος τὸ]
π[ραττ]όμενόν τε.[.]ν..ον
]......στιν....ὅσον

οὐ μόνον διὰ τὸ]
ἐπαυξόμενον, ἀλλὰ
καὶ διὰ τὰ ἐκ [τ]οῦ περιέχον-
τος ἐπεισιόντα τῆς καθ' ἡ-
μ[ᾶς κινήσεις] βελτ[ίους ποι-]
[ού]μεν[ο]ν, τὰς σ[υνακο]λου-
θήσε[ι] λ[α]μβανομέ[νας·] εἰ
δὲ καὶ ἐπὶ ἡσ[υ]χίας ἐξ ἀρ-
χῆς καὶ ἐκ θαύμα[τ]ος [ἰ]σχύ-
[ει.....]μετο[

[32] 7 XIII

..[......]ε καὶ ὑπ[εστ]ήσ[ατ]ο φω-
[ναῖς διανο]ήσεων κα[ὶ ἐ]πιν[ο]ημ[ά-]
των καὶ φαντασμάτων καὶ τῆς
αἰωνίας κ[ατὰ ψυ]χὴν ὀχλ[ήσε]ως

hatten, von dort hatten auch wir ihn. Der aus uns (stammende Anstoß) war die bewußte Wahrnehmung (dieses Sachverhaltes:) wenn wir nicht erfassen, welches das Richtlot und jener Maßstab ist, der alle in unseren Erwartungen vollzogenen (Handlungen) zu beurteilen hilft, sondern unvernünftig den Antrieben der großen Masse folgen, werden alle (Maßstäbe) zunichte, anhand derer wir überhaupt etwas erforschen und die durch (die bewußte Wahrnehmung von) Übermaß und Mangel entstehen. Wenn aber andererseits die Urteilslosigkeit ewig beharrte, und zwar gleichsam als eine Urteilsinstanz – wie es wahrscheinlich ist –, so wäre dies eine Aufblähung dummer Übererwartungen; kommt noch der Name hinzu ... (was) nicht allein wegen des sich entwickelnden (Urteilsvermögens,) sondern auch wegen der aus der Umgebung eindringenden (Sichtbilder und Wahrnehmungsreize) die in unserer Gewalt stehenden Bewegungsabläufe vollkommener macht, die in geordneter Abfolge erfaßt werden. Wenn aber sowohl im Ruhestand von Anfang an als auch infolge des Staunens ...

[32] 7 XIII

... und begründete[20] mit Hilfe von Ausdrücken für Gedanken, Vorstellungen, Eindrücke und für die je nachdem in der Seele andauernde oder nicht andauernde Bedrängnis und Glückselig-

ἢ εὐδαιμονίας ἢ μ[ὴ] αἰωνίας, τὴν
α[ἴτ]ίαν τοῦ θηρεύειν τὴν ἀρχὴν
καὶ κανόνα καὶ κριτήριον [[καὶ]] κα-
τ[ὰ] μικρόν. ταῦτά τε γὰρ εἰς τὸν
ἐπιλογισμὸν τοῦ κριτηρίου ἦγεν
κ[αὶ ἐκ τοῦ] κριτηρίου αὖ [κα]τεμαν-
θά[νομεν ἐ]πιλο[γί]σεις κ[αὶ ἀ]πὸ [τούτων]
[ἐχωροῦ]μεν εἰς τὴ[ν κατὰ μικρὸν]
ὥνπερ [ἔ]μπρο[σθ]εν εἶ[πα] διερ[εύ-]
ν[ησιν. πολλοῖς] γὰ[ρ τα]ῦ[τ]α [τὴ]ν
[αἰτίαν κα]ὶ χρ[είαν] παρ[είχετο,]

καὶ ἐνα[λλ]ὰ[ξ θ]ά-
τερον παρεμπεῖπτον ἐπεσπ[άσατο]
εὐθὺς τὸ ἕτερον ἐπινόημα κα[τ]ὰ
μεικρὸν πρῶτον ἐγγειν[ό]μενον
καὶ ταχέως ἐκρέον, εἶτα μᾶλλ[ο]ν
μᾶλλον κατανοο[ύ]μενον, τὰ μ[ὲν]
διὰ τὴν φυ[σι]κὴν αἰτ[ί]αν τῆς
ἐπα[υξ]ή[σεω]ς κ[αὶ ἀπαλ]λ[άξεως]
πλαδαρότητ[ο]ς, τὰ δὲ διὰ τὴ[ν] ἐξ ἡ-
μῶν γεινομένη[ν] καὶ τὸ κ[ατά]
γε τα[ὐτ]ὸν αὐτὰ ε[ἶναι ἢ] κα[ί τι]
ἀξιό[λο]γον ἐξ ἡμῶν [γεγο]ν[έναι,]
τὸ μὲν [ὁμ]οῦ σ[υνε]ρ[γὸν ὂν τοῦ ἑ-]
[ξ]ῆς οὕτως αἰτίου, [τὸ] δὲ [κ]α[ὶ] ὕ[σ-]
[τερόν] γε [τού]των [γε]ιν[όμ]εν[ον κατά]
[τε] ἄ[λ]λ[α τινὰ] κ[α]ὶ τὰ [ἀ]νο[ίας] δε-
κτι[κὰ] ......ιν....[.] – – – –

[33] 7 XIV

κ[αὶ] οὕτω[ς τὰ τῶ]ν αἰτιῶ[ν παρισ-]
τάνουσαι καὶ [κιν]ήσεων τῶν
τε δι' ἡμᾶς [κ]α[ὶ τῶν δ]ιὰ τὴν

keit den Ursachenzusammenhang dafür, schrittweise das Prinzip, das Richtlot und die Urteilsinstanz aufzuspüren. Diese Schritte führten nämlich zur Reflexion über die Urteilsinstanz, und aus der (Reflexion über die) Urteilsinstanz wiederum erlernten wir Reflexionsverfahren, und von ihnen aus gingen wir weiter zur schrittweisen Erforschung dessen, wovon ich im vorigen sprach. Denn für viele (Vorstellungen) schufen diese Schritte den Ursachenzusammenhang und das zwingende Bedürfnis: wechselweise zog die uns jeweils einfallende Vorstellung von sich aus sofort die andere nach sich, indem sie sich schrittweise zunächst in uns ausprägte, uns rasch entströmte und dann mehr und mehr gedanklich erfaßt wurde; und zwar zum einen wegen des eigengesetzlichen Ursachenzusammenhangs – der Ausformung und dem Verlust der Gestaltlosigkeit –, zum andern wegen des aus uns sich ausprägenden Ursachenzusammenhangs. Hinzu kam, daß die Vorstellungen sich doch auf dasselbe (Richtlot) bezogen und eine bestimmte, beachtenswerte (Prägung) aus uns entsprungen war, die einerseits zugleich mitwirkte an einer dermaßen stetigen Ursachenreihe, andererseits auch noch später als diese (Bewegungsabläufe) in bezug auf bestimmte andere (Gegenstände) auch für irrationales Streben aufnahmefähige (Bewegungsabläufe) ausprägte ...

[33] 7 XIV

... und so die Forschungsergebnisse über die Ursachen (der menschlichen Handlungsfähigkeit) vorlegten und über die Bewegungsabläufe, die teils durch uns, teils durch den Organismus

φύσ[ιν] κα[ὶ τὸ περιέχον. ὥσ]τε
ἀποδέδοτα[ι καὶ] ὁ παθολ[ο]γι-
κὸς τρόπος καὶ ὁ αἰτιολογικός,
ὧν ἐξ ἀ[ρ]χ[ῆς] προεθέμεθα· κα-
τέχ[εται γὰρ] δὴ ταῦτα ὅσα πο-
τ[ὲ] κα[τέχε]τα[ι τῶι] κατὰ [τὰς] ἐ-
[πιστήμας
λογισ-]
[μ]ῶι[

und die Umgebung entstanden. Abgeschlossen ist damit die methodische Vermittlung der Lehre von den Empfindungen und Ursachen (der menschlichen Handlungsfähigkeit), wie wir es uns von Anfang an vornahmen. Denn erfaßt sind nunmehr all jene Abläufe, die man überhaupt mit Hilfe des in den Wissenschaften üblichen Schlußverfahrens erfassen kann.

Editorische Notiz

Dem griechischen Lesetext liegt die neueste Werkausgabe von G. Arrighetti zugrunde, weil sie allein umfassend die herculanensischen Papyri berücksichtigt. Dort orientiere man sich über die zahlreichen textkritischen Probleme. Für Textverbesserungen ständig hinzugezogen wurden die in den Literaturhinweisen genannten Ausgaben seit Usener.
Die Spruchsammlungen sind mit den üblichen lateinischen Abkürzungen zitiert: Entscheidende Lehrsätze (Ratae Sententiae = RS); Weisungen Epikurs (Sententiae Vaticanae = SV). Emendatorische Zusätze tragen in Text und Übersetzung die spitze Klammer ⟨ ⟩, interpretatorische Ergänzungen in der Übersetzung zu den stark überlieferungsgeschädigten Papyrus-Fragmenten aus *Über die Allgesetzlichkeit* sind mit der runden Klammer () gekennzeichnet. Die eckige Klammer [] bezeichnet schwer lesbare Textstellen auf den Papyrusrollen und der Inschrift von Oinoanda (Brief an die Mutter), die alle im originalen Zeilenfall ihrer Kolumnen abgedruckt sind.
Für die weggelassenen Scholien erscheint kein Zeichen. Überhaupt soll die Ausgabe ausschließlich authentischen Originaltext ohne doxographisches Beiwerk bieten.

Anmerkungen

1. Briefe

1.1. Brief an Herodot

Der von Epikur selbst »Kleiner Aufriß« (μικρὰ ἐπιτομή) genannte Lehrbrief – der sog. »Große Aufriß« ist verloren – faßt wesentliche Lehrsätze und Termini des Werkzyklus *Über die Allgesetzlichkeit* (περὶ φύσεως) zu einer Elementarfassung des naturphilosophischen Systems zusammen. Der fortgeschrittene Schüler soll mit ihrer Hilfe die »Naturerklärung« (φυσιολογία) überzeugend darstellen und selbständig rechtfertigen. Deswegen hat er den überschaubaren Begründungszusammenhang (λόγος, 83) gedanklich und gedächtnismäßig so zu beherrschen, daß er bei jedem Diskussionsstand von sich aus die erforderlichen Einzelerklärungen systemgerecht und methodisch exakt auf die allgemeinen Erklärungsmodelle (τύποι) zurückführen bzw. aus ihnen ableiten kann.
Für den heutigen Leser erschweren der fragmentarische Erhaltungszustand von *Über die Allgesetzlichkeit,* der terminologisch befrachtete Kompendienstil und zahlreiche Überlieferungsfehler das Verständnis des voraussetzungsreichen und esoterischen Lehrbriefes. Manche Stellen sind noch nicht zufriedenstellend geklärt.

1 Ein seit den Vorsokratikern gebräuchlicher Schriftentitel.
»φύσις« (s. Nachwort, Abschn. 2) bedeutet im Herodot-Brief: (1) Eigengesetzlichkeit des Alls (82), (a) des Seienden (45), (b) des Leeren (44); (2) (besondere) Gesetzmäßigkeit (z.B. der Himmelserscheinungen, 78); (3) Element (= konstituierendes Prinzip der Körperwelt, 41), (a) Atom (41), (b) »unberührbares Element« (= das Leere, 40); (4) (besonderes) Elementargebilde (z.B. Sichtbild, 48); (5) Struktur (eines Körpers bzw. seine Merkmale), (a) materielle Beschaffenheit (= Elementarstruktur des Atoms, 41, oder einer Atomverbindung, 65), (b) Erscheinungsform (= sinnlich faßbarer Merkmalskomplex, 69); (6) (menschliche) Veranlagung (= spezifischen Umweltreizen spezifisch antwortende Leib-Seele-Struktur, 75); (7) (göttliches) Wesen (78).

2 πραγματεία: (1) (systematische) Darstellung; (2) (dargestelltes) System.

3 τὰ κυριώτατα: die »erstrangigen« gesetzmäßigen Zusammenhänge (78).

4 τὰ ὅλα: »Die φύσις des Alls (τὰ ὅλα) sind Körper und Leeres« (fr. 75

Us., vgl. 39). Ebenso wie 3 (beide Termini gekoppelt in 82) eine begriffliche Synthese des Gegenstandes, seiner Gesetzmäßigkeit und seiner systematischen Erklärung: (1) All (82); (2) φύσις des Alls (= τὸ πᾶν, 39); (3) umfassender (gesetzmäßiger) Erklärungszusammenhang (36).

5 τύπος: (1) das einem Körper bzw. Merkmalskomplex gleichförmige, sinnlich, imaginativ oder intuitiv faßbare Modell, (a) Sichtbild (εἴδωλον, 46), (b) Vorstellungsbild (φαντασμός, 51), (c) Gedankenbild (ἔννοια, 69, ἐννόημα, 38, πρόληψις, 72); (2) das einen gesetzmäßigen Zusammenhang in Sätze prägende, imaginativ oder gedanklich faßbare Modell, (a) besonderer (68), (b) umfassendster (36, 45), (c) systemumgreifender (35) Erklärungszusammenhang.

6 ἐπιβολή: zentraler Terminus aus Epikurs Kanonik (s. Nachwort, Abschn. 4) für die Erkenntnis, und zwar meist als Akt, seltener (z. B. 83) als Resultat. Die φύσις der Gegenstandswelt (τὰ πράγματα, 36) ist in τύποι faßbar: (1) (unmittelbarer, 38) Zugriff auf die τύποι (1) (a)–(c); (2) (mittelbarer, 35/36) Zugriff auf die τύποι (2) (a)–(c), (a) »ins Einzelne gehender«, (b) »komplexer«, (c) »entscheidendster« Zugriff.

7 ἀκρίβωμα (ἀκρίβεια, 78): bezeichnet die präzise Deckungsgleichheit zwischen Sachverhalt und Erklärung. ἐξακριβοῦν: den τύπος (2) präzisierend in einzelne Zugriffe auflösen (= ἀναλύειν, 83).

8 φωνή: elementare Bestimmung der φύσις (45).

9 ἀνάγειν: ? Us. die methodische Umkehrung des ἐξακριβοῦν. Terminus für die Rückführung auf ein κριτήριον (Urteilsinstanz, 38). Die atomistischen Elementarsätze gelten daher mittelbar als Wahrheitskriterien.

10 φυσιολογία: (1) induktive Erschließung (37f.) ungeklärter physikalischer Zusammenhänge anhand (a) unmittelbarer Zugriffe, (b) von Indizienschlüssen; (2) systematische Erklärung der φύσις anhand mittelbarer Zugriffe (35f.), (a) Rückführen (ἀνάγειν) auf Elementarsätze, (b) exaktes Erfassen (περιλαμβάνειν) und Einprägen (μνημονεύειν) der τύποι (2), (c) präzisieren (ἐξακριβοῦν), auflösen (ἀναλύειν), Ursachenzusammenhänge ableiten (αἰτιολογεῖν, 80). Zur Zielsetzung, Reichweite und Abgrenzung von der »Tatsachenerkundung« (ἱστορία, 79) vgl. 78–83.

11 πρῶτον ἐννόημα: das, was den Worten zugrunde liegt (37), Vor-Begriff (πρόληψις, 72); vgl. ἔννοια (69): Gedankliches Evidenzkriterium.

12 κριτήριον, s. Nachwort, Abschn. 4. Die (subjektiven und objektiven) Urteilsinstanzen erschließen jeweils eine »unmittelbar einleuchtende

Gewißheit« (ἐνάργεια, 82): (1) Sinnesorgan (αἰθητήριον), (a) Reizempfindung – Reiz (πάθος), (b) Wahrnehmung (αἴσθησις) – Sichtbild (εἴδωλον); (2) Verstand (διάνοια), (a) Vorstellung (φαντασία) – Vorstellungsbild (φάντασμα), (b) Gedanke (ἔννοια) – Gedankenbild (ἐννόημα).

13 Epikur klassifiziert die Gegenstände der Erkenntnis in (1) offenbare (πρόδηλα), (a) unmittelbar einleuchtende (= augenscheinliche, 48, bzw. evidente ἐνάργειαι, 82), (b) ihre (unmittelbare oder mittelbare) Bestätigung (ἐπιμαρτύρησις) erwartende (προσμένοντα); (2) verborgene (= sinnlich unfaßbare, ἄδηλα), (a) nicht widerlegungsfähige (Nicht-Widerlegung = οὐκ ἀντιμαρτύρησις), (b) prinzipiell jederzeit widerlegungsfähige (79f.). Eine vollständige Induktion ist nur von Klasse (1) (a) auf Klasse (2) (a) möglich. Beispiele: (1) (b) Ob ein aus der Ferne nur undeutlich sichtbarer Turm rund oder viereckig ist, läßt sich entweder unmittelbar durch nähere Beobachtung oder mittelbar durch das Indiz (σημεῖον) der Sonneneinstrahlung feststellen. Letzte Gewißheit gewährt nur der unmittelbare Augenschein. (2) (a) Die Existenz des Leeren ist induktiv nicht widerlegbar (39f.). (2) (b) Da die Himmelserscheinungen für die Urteilsinstanzen nicht oder nur ungenau faßbar sind, gibt es über sie nur Hypothesen bzw. vorläufig geltende Analogieschlüsse (80).

14 Epikur beansprucht, die entscheidendsten Gesetzmäßigkeiten des Universums systematisch zu erklären, muß aber darauf verzichten, verborgene Gesetzmäßigkeiten besonderer Phänomene unseres Kosmos im einzelnen definitiv bestimmen zu können.

15 σπέρμα: vorsokratischer Terminus für ein gattungsspezifisches Zeugungselement der Kosmogonie.

16 λογισμός (hier = Induktionsschluß nach dem Prinzip der Nicht-Widerlegung): Wenn nicht-q, dann nicht-p; nun aber p, also q. p = Körperbewegung, q = das Leere.

17 περιληπτῶς: die »Faßbarkeitsmethode« (περιληπτικὸς τρόπος) – die falsifikatorische Gegenprobe zur »Zugriffs-Methode« (ἐπιβλητικὸς τρόπος) – schließt irrtümliche Annahmen dadurch aus, daß sie deren Unvereinbarkeit mit objektiven Kriterien aufzeigt (vgl. z. B. 42, 57).

18 Vgl. 68–71.

19 Eine unbegrenzte Abfolge qualitativ unterschiedener Atomformate enthielte sichtbare, damit teilbare, wandelbare und vergängliche Atome (vgl. 54f.).

20 Zum Problem der Atombewegung und ihrer Formen s. Nachwort, Abschn. 3. ⟨ ⟩ Hinzufügung des Hrsg.

21 Die nicht mehr sinnlich, sondern nur noch gedanklich meßbare Maxi-

malgeschwindigkeit eines bewegten Wahrnehmungsobjektes ist immer noch geringer als die »unausdenkbare« Geschwindigkeit der von ihm zu uns gelangenden Sichtbilder. Denn wäre sie gleich oder größer, dann wäre das bewegte Wahrnehmungsobjekt in dem Moment, in dem wir es erfassen, nicht mehr an der Stelle, an der wir es erfassen. Es wäre zugleich sichtbar und unsichtbar, d.h. ein Scheinobjekt an einer leeren und ein wirklicher Körper an einer anderen, unsichtbar erfüllten Raumstelle. Da Epikur dies für undenkbar hält, ist für ihn nachgewiesen, daß allein die Sichtbilder das Geschwindigkeitsmaximum unter den Atomverbindungen erreichen.

22 Dieser Satz soll die auf das Sinnesorgan zugeschnittene, maßstabsgetreu verkleinerte Paßform der Sichtbilder erklären: Masseverlust ohne Gestaltverlust.

23 Selbst Wahn- oder Traumgebilden – z.B. Dämonen oder Fabelwesen – entspricht ein gegenständliches Korrelat: sie sind wirklich.

24 Vgl. Anm. 13.

25 συμπάθεια: (1) (objektive) Entsprechung zwischen (a) den (materiellen) Qualitäten des Wahrnehmungsgegenstandes und denen der Sichtbilder (50) bzw. anderer Trägerpartikel (52), (b) den Qualitäten strukturgleicher Trägerpartikel (52), (c) den (reizauslösenden) Qualitäten und der Reizempfindung (πάθος, 53); (2) (leib-seelische) Reizübertragung (64).

26 Für Demokrit war »Farbe« keine materielle Qualität von Atomverbindungen, sondern auf kombinierte Atomformen zurückführbarer sinnlicher Schein. – Strahlen: Dies richtet sich gegen eine andere vorsokratische Auffassung: Augenstrahlen seien imstande, Materieströme abzutasten.

27 Für Demokrit war dies keine Primärqualität des Atoms.

28 Dies sind die Minima (vgl. 59).

29 Der Abschnitt richtet sich gegen die aristotelische Kritik am Atombegriff (vgl. Nachwort, Abschn. 3).

30 Zum System der Minima vgl. Nachwort, Abschn. 3.

31 Es handelt sich nicht um lediglich theoretisch-mathematische, sondern zugleich um physikalisch definierbare, d.h. substantielle Größen.

32 Die Theorie des freien Falls der Atome im leeren Raum setzt absolute Orientierungskategorien wie »oben« und »unten« voraus. Dies ist die zweite Hypothese neben der eines absoluten Atomgewichtes, die Epikur aus der aristotelischen Kritik am alten Atomismus übernahm. Deswegen sah er sich gezwungen nachzuweisen, daß absolute Bewegungsrichtungen auch in einem unendlichen, d.h. isotropen Raum

denkbar sind und nicht notwendig das geozentrische Weltmodell des Aristoteles voraussetzen.

33 Zur Unterscheidung zwischen sichtbar kontinuierlicher und unsichtbar diskontinuierlicher Atombewegung vgl. Nachwort, Abschn. 3.

34 Die vorsokratische Vier-Elementen-Lehre ist ein archaisches Erklärungsmodell: es dient Epikur dazu, seelische Funktionen mit Hilfe von Analogien aus der Erscheinungswelt auf materielle Mischungsverhältnisse zurückzuführen.

35 Die Polemik richtet sich gegen Platons Seelenlehre.

36 Z.B. Farbe.

37 Hinzufügung vom Hrsg.

38 Hinzufügung vom Hrsg., vgl. Us. fr. 385 und Brief an Menoikeus 124.

39 Dies richtet sich gegen Theologeme innerhalb der Kosmologie Platons (Demiurg) und des Aristoteles (unbewegter Beweger).

Übersicht wichtiger Lukrez-Parallelen

Epikur	*Lukrez*	*Epikur*	*Lukrez*
37	IV, 478–521	61/62	II, 80–250
38	I, 150–214		II, 308–332
39	I, 215–328	63	III, 161–257
40	I, 329–397		III, 323–369
	I, 430–634	64–66	III, 396–416
41	I, 951–1051		III, 425–444
42	II, 333–568		III, 526–579
43/44	II, 80–250		III, 624–669
45	II, 1052–89	68 f.	I, 449–458
46	IV, 29–167	70 f.	I, 464–482
	IV, 176–229	72 f.	I, 459–463
47	IV, 110–122	73/74	II, 1052–89
48	IV, 127–167		II, 1105–74
49–51	IV, 230–521	75	V, 925–1457
	IV, 706–826	76/77	V, 78–90
52/53	IV, 524–614	78	V, 110–145
	IV, 673–705		V, 156–194
54	II, 660–1022		II, 1090–1104
55–59	I, 599–634	79/80	V, 526–533
	II, 114–124	81/82	I, 62–148
60	I, 951–1051		VI, 50–91

1.2. Brief an Menoikeus

Der Brief an Menoikeus ist ein protreptisch-paränetischer Missionsbrief. Daraus erklärt sich die gegenüber dem Herodot-Brief auffällige werbende Emphase, mit der Epikur zahlreiche antithetische Merksätze einschärft und, zumal in der Einleitung, rhythmisch einprägsame Kola baut. Ausgehend von der Theologie skizziert der Brief Grundzüge der neuen Lebensweisheit, die sich am Ende zu einem Idealporträt des Weisen zusammenschließen. Sein Formtypus – unmittelbar inspiriert vom »Protreptikos« des Aristoteles – hat formprägend bis zu den Missionsbriefen des Paulus und Senecas Lucilius-Briefen gewirkt.

1 ἐναργής: vgl. Brief an Herodot 38 und 82.
2 πρόληψις: vgl. Brief an Herodot 38.
3 Umstritten ist das – nicht genannte – Subjekt dieses Satzes. Während manche Forscher »die Menschen« als Subjekt ansehen, hält W. Schmid »die Götter« für das Subjekt. Er versteht den Zusammenhang so: »Folge der reinen Gottesvorstellungen sind (spirituelle, nicht durch Eingriff der Götter in den Weltlauf zustande kommende) ›Förderungen‹, insofern die Götter die ihnen ähnlichen Menschen, eben die Weisen, ›aufnehmen‹, d.h. ihrer geistigen Gemeinschaft würdigen, während bei den ›Schlechten‹, eben den Nichtweisen, die falschen Gottesvorstellungen zu ›Schädigungen‹ führen (d.h. zu einer Quelle innerer Nöte zu werden pflegen).« [Schmid, RAC, Sp. 692; vgl. ders., RhM 94 (1951) 97–156.] Ob in der umstrittenen Alternative ein grundsätzlicher und unaufhebbarer Dissens über die Theologie Epikurs enthalten sein muß, mag der Leser nach sorgfältiger Prüfung entscheiden. Man vergleiche noch die Konjektur des Übers. in Kap. 75 des Herodot-Briefes.
4 Der Pessimismus des Theognis-Verses hat Parallelen im theologischen Gedankengut des Delphischen Orakels und der attischen Tragödie (z.B. Sophokles, *König Ödipus*). Der Volksreligion steht Epikur weniger ablehnend gegenüber, da sie die Willensfreiheit von Göttern und Menschen voraussetzt. In jedem Fall zöge er sie dem altatomistischen Determinismus und dem stoischen Fatalismus vor (134).

1.3. Briefe an Freunde und Verwandte

Außer offenen Briefen wie jene an Herodot und Menoikeus, die über den Schülerkreis eine missionarische Öffentlichkeitswirkung entfalten sollten, hat der erfahrene »Menschenkenner und Menschenfischer« (H. Diels)

eine kunstvoll auf den jeweiligen Adressaten zugeschnittene Privatkorrespondenz hinterlassen. Bis auf seinen letzten Brief (Nr. 11) sind davon nur mehr oder minder umfangreiche Fragmente erhalten. So tief bereits den antiken Leser die herzliche Güte vieler Briefe anrührte, so heftig provozierten ihre unbefangene Lebensbejahung und erst recht ihre spontane Angriffslust schon zu Epikurs Lebzeiten (vgl. Brief an Menoikeus 131 f.) den notorischen Vorwurf des Hedonismus, der später den fruchtbaren Nährboden für die christliche Polemik abgab.

1.3.7. An Kolotes

Das Fragment illustriert die Verehrung des Meisters und das quasi-religiöse Selbstverständnis des epikureischen Bundes. Die aus dem hellenistischen Herrscherkult bekannte Proskynese erhält hier einen neuen Sinn: »Epikur wollte durch sein Verhalten zum Ausdruck bringen, daß er den inneren Durchbruch des Kolotes in seiner vollen Tragweite als echt empfinde und eben deshalb bereit sei, den solchermaßen ›Erleuchteten‹ nun seinerseits als irdischen Gott gelten zu lassen.« (Schmid, RAC, Sp. 754.)

1.3.8. An die Mutter

Der Brief stammt wahrscheinlich aus Epikurs drittem Lebensjahrzehnt (320–310 v. Chr.). Er ist innerhalb der Monumentalinschrift von Oinoanda (2. Jh. n. Chr.) erhalten (vgl. Nachwort, Abschn. 5).

1.3.11. An Idomeneus

Epikur starb nach langer und schwerer Krankheit (270 v. Chr.). Neben diesem Vermächtnis an die Freunde in Lampsakos hat er noch ein Testament hinterlassen (Diogenes Laertios, Buch 10, Kap. 16–21). Darin vermachte er seinen Athener Verwandten – nur Vollbürger waren erbberechtigt – das Gartengrundstück als Eigentum, seinem designierten Nachfolger Hermarchos und allen späteren Schulhäuptern zum immerwährenden Nießbrauch im Interesse der miteinander Philosophierenden. Er verpflichtete die Erben, für die Kinder des Metrodoros zu sorgen, und ließ vier befreundete Sklaven frei.

2. Sprüche

2.1. Entscheidende Lehrsätze

1 κύριος: (1) subst. Herr, Meister; (2) authentisch, (a) verbürgt (dem Wortlaut nach), (b) gültig (dem Lehrgehalt nach), (c) entscheidend (der Auswahl nach).

Nicht nur Wortlaut, Lehrgehalt und Auswahl der Sprüche weisen die vorliegende Aphorismensammlung als authentisch aus, sondern auch – mit einigen überlieferungsbedingten Abstrichen – ihre systematische Anordnung:

(1) I–IV. Die τετραφάρμακος (Vierfach-Medizin): die inneren Bedingungen der Unerschütterlichkeit; (2) V. Lust und Einsicht; (3) VI/VII. Die äußeren Voraussetzungen der Unerschütterlichkeit; (4) VIII–X. Richtige Wahl der Lust; (5) XI–XIII. Wert der Naturerklärung; (6) XIV–XXI. Der Weise in Abhängigkeit von der Anlage (φύσις) des Menschen und seinen Lebensbedingungen; (7) XXII–XXVI. Die Kriterien des lustorientierten Handelns; (8) XXVII/XXVIII. Freundschaft; (9) XXIX/XXX. Klassifikation der Begierden; (10) XXXI–XXXVIII. Gerechtigkeit und Ungerechtigkeit; (11) XXXIX/XL. Lebensgemeinschaft und Mitwelt. (Nach C. Bailey, *Epicurus,* S. 346.)

2.2. Epikurs Weisungen

Trotz einiger Überschneidungen mit den κύριαι δόξαι liegt hier ein weniger grundsätzlich und systematisch orientiertes Florilegium, auch als *Gnomologium Vaticanum* bekannt, vor. Unter Ausschluß der Physik und Kanonik werden in lockerer thematischer Folge pointierte Lebensweisheiten zumeist aus den Briefen des Meisters aneinandergereiht, zwischen denen an einigen Stellen Aussprüche des engeren Schülerkreises, z.B. des Metrodor, eingestreut sind. Ihren heutigen Titel *Vatikanische Spruchsammlung* (*Gnomologium Vaticanum*) erhielt die Sammlung, weil sie erst 1888 in einem vatikanischen Kodex entdeckt wurde.

1 Homer, *Ilias,* A 70.

3. Werkfragmente aus einem Buch über die Ursachen der menschlichen Handlungsfähigkeit

Die Werkfragmente gehören zu einem jener – zum Teil nicht bezifferten – 38 Bücher des Werkzyklus *Über die Allgesetzlichkeit* (περὶ φύσεως), deren verkohlte und verstümmelte Rollen aus dem erstarrten Lavaschlamm von Herculaneum geborgen werden konnten (s. Nachwort, Abschn. 5). Im Rahmen thematisch verwandter Abhandlungen, die Grundlagen einer atomistischen Psychophysik entwickeln, befaßt sich dieses Buch zum größten Teil mit Ursprung und Genese der psychophysischen Impulse, des menschlichen Selbstbewußtseins, des praktischen Reflexionsvermögens, der Normfindung und der Sprache. Die Darstellung klärt wechselweise und wechselseitig die psychophysische Entwicklung des einzelnen Gattungswesens und die Evolution der Gattung insgesamt. Die von dem Ersteditor Th. Gomperz eingeführte Themaangabe – »Fragment über die Willensfrage« – gibt daher die Tragweite des gedanklichen Ansatzes nicht wieder und trifft nur auf jene Schlußpassagen des Buches zu, in denen sich Epikur mit dem Determinismus Demokrits auseinandersetzt.

Man hat des öfteren daran Anstoß genommen, daß Epikur anders als seine späteren Schüler (vgl. Lukrez II, 251 ff.) nicht die unvorhersagbare Diskontinuität der Atombewegung im Minimalbereich, das sog. »Ausbiegen« (παρέγκλισις), als Argument zur Rettung der Willensfreiheit anführt. Doch Epikur untersucht allein jenes sich selbst steuernde, entwicklungsfähige System psychophysischer Antriebsdeterminanten, das auf Dauer verantwortliches Handeln ermöglicht, ohne die Eigengesetzlichkeit der Atombewegung außer Kraft zu setzen. Die uneingeschränkte Geltung der Atomtheorie wird stillschweigend vorausgesetzt.

Allerdings erschweren der schlechte Überlieferungszustand des Textes und die esoterischen Eigenheiten der Schulsprache noch mehr als im Brief an Herodot die Lösung zahlreicher anderer Fragen, die hier entweder gar nicht gestellt werden können oder offen bleiben müssen.

1 τὰ ἀπογεγεννημένα: eigentlich »das Erzeugte«. Drei Arten von Antriebsdispositionen werden hier unterschieden: (a) jene, die auf äußere Reize zustande kommen; (b) jene, die sich aus psychophysischer Wechselwirkung entwickeln; (c) jene, die aus dem Lustkalkül erwachsen. (Nach C. Diano, *Epicuri Ethica*, S. 127.)

2 ὁμούρησις: vgl. Brief an Herodot 63 f.

3 Beschrieben wird die Entstehung jener psychosomatischen Entlastung, der »Unerschütterlichkeit« (ἀταραξία), die den Menschen von

eingespielten Reiz-Reaktions-Abläufen freisetzt und zu sich selbst kommen läßt (vgl. Brief an Menoikeus 128–130).

4 τέλος: vgl. RS XX–XXII.

5 ἐπιλογισμός: Die Selbstreflexion ermöglicht durch Analogieschlüsse aus der Erinnerung (μνήμη) eine exakte Kalkulation des entscheidenden Handlungskriteriums, der Lust (ἡδονή).

6 Die gemeinsame Wurzel des theoretischen und praktischen Denkens.

7 Vgl. RS VI/VII, XIV.

8 Vgl. RS XI–XIII.

9 Vgl. RS III, XVIII/XIX.

10 σύστασις: die genetisch vorgeprägte, psychophysische Organisation, die bestimmte Antriebsmuster und Impulsfolgen festlegt.

11 Vgl. Brief an Herodot 64.

12 Stoßrichtung und Gehalt der nachfolgenden Polemik in Fragment 23 sind schwer zu fassen. Es ist daher weggelassen.

13 Es handelt sich um die zunehmend eigenverantwortlich geprägte Identität des sich entwickelnden Menschen.

14 Der Rest des Fragments wurde nicht abgedruckt.

15 Die psychophysische Wechselwirkung entbindet die Menschen nicht von der Verantwortung für ihre im mitmenschlichen Verkehr ausgebildete Identität. Denn gerade in der Empörung entlädt sich ein Affekt, in dem die eigene und die fremde Zurechnungsfähigkeit vorausgesetzt und psychosomatisch erfahren wird.

16 Wahrscheinlich ist bereits hier Demokrit gemeint.

17 Vgl. SV 40.

18 Epikur spricht von den Atomisten Leukipp, Demokrit und deren Schülern (vgl. Brief an Menoikeus 133f.)

19 Demokrit.

20 Das verlorene Subjekt des Satzes könnte »die Anlage« (φύσις) des Menschen sein (vgl. Brief an Herodot 75). Zu dem bemerkenswerten, zumal im Schlußteil noch nicht befriedigend geklärten Text vergleiche man Abschn. 4 des Nachwortes.

Literaturhinweise

Editionen, Kommentare, Hilfsschriften

Antike Atomphysik, Texte zur antiken Atomlehre und ihrer Wiederaufnahme in der Neuzeit. Hrsg. von A. Stückelberger. München 1979.

H. Diels / W. Kranz: Die Fragmente der Vorsokratiker. Berlin ^{9}1959.

Aristotelis Physica. Ed. W. D. Ross. Oxford 1950.

Epicurea. Ed. H. Usener. Leipzig 1887. Ed. anast. Rom 1963.

Glossarium Epicureum. Comp. H. Usener. Ed. cur. M. Gigante et W. Schmid. Rom 1977.

Epicuri epistulae tres et ratae sententiae. Ed. P. von der Muehll. Leipzig 1922.

Epicurus: The Extant Remains. By C. Bailey. Oxford 1926.

Epicuri Ethica. Ed. C. Diano. Florenz 1946.

La Lettre d'Epicure. Ed. J. Bollack et H. Wismann. Paris 1971.

Epicuro: Opere. A cura di G. Arrighetti. Turin 1960. ^{2}1973.

Diogenes Laertius: 10. Buch: Epikur. Übers. von O. Apelt. Hrsg. von K. Reich und H. G. Zekl. Hamburg 1968.

Lukrez: De rerum natura / Welt aus Atomen. Lat./Dt. Hrsg. von K. Büchner. Stuttgart 1973 [u. ö]. (Reclams Universal-Bibliothek. Nr. 4257 [8].)

Metrodori Epicurei fragmenta. Ed. A. Körte. Leipzig 1880.

K. Krohn: Der Epikureer Hermarchos. Diss. Berlin 1921.

Polystratos: Über die unbegründete Verachtung der Volksmeinung. Ed. C. Wilke. Leipzig 1905.

Philodemos: Over den Dood. [Von] T. Kuiper. Diss. Amsterdam 1925.

Philodemos: Über die Gedichte. Der Papyrus 1676 der Herculanensischen Bibliothek. [Text und Übersetzung.] [Von] J. Heidmann. Diss. Bonn 1937. Neuausg. in: Cronache Ercolanesi 1 (1971).

Philodemos: Über die Götter. 1. und 3. Buch. [Von] H. Diels. Berlin 1916/17. (Abhandlungen der Preußischen Akademie der Wissenschaften, Philosophisch-historische Klasse. Jg. 1915 Nr. 7; 1916 Nr. 4.)

Philodemos: On Methods of Inference. A Study in Ancient Empiricism. Ed. with Transl. and Comm. by Ph. H. and E. A. De Lacy. Philadelphia/Oxford 1941.

Diogenis Oenoadensis fragmenta. Ed. C. W. Chilton. Leipzig 1967.

Sekundärliteratur

Association Guillaume Budé. Actes du VIIIe Congrès. Paris 1969.
Bailey, C.: The Greek Atomists and Epicurus. Oxford 1928.
Bignone, E.: L'Aristotele perduto et la formazione filosofica di Epicuro. Florenz 1936.
Diano, C.: Scritti Epicurei. Florenz 1974.
Düring, I.: Aristoteles. Heidelberg 1966.
Festugière, H. J.: Epicure et ses dieux. Paris ²1968.
Fränkel, H.: Dichtung und Philosophie des frühen Griechentums. München ⁹1969.
Furley, D. J.: Two Studies in the Greek Atomists. Princeton 1967.
Kraemer, H.-J.: Platonismus und hellenistische Philosophie. Berlin 1972.
Loebl, R.: Demokrits Atome. Diss. Frankfurt a. M. 1976.
Manuwald, A.: Die Prolepsis-Lehre Epikurs. Diss. Bonn 1972.
Mau, J.: Zum Problem des Infinitesimalen bei den antiken Atomisten. Berlin ²1957.
Müller, R.: Die epikureische Gesellschaftstheorie. Berlin 1972.
Rist, J. M.: Epicurus. An Introduction. Cambridge ²1977.
Schadewaldt, W.: Die Anfänge der Philosophie bei den Griechen. Tübinger Vorlesungen. Bd. 1. Frankfurt a. M. 1978.
Schmid, W.: Epikur. In: Reallexikon für Antike und Christentum. Bd. 5. Stuttgart 1962. Sp. 681–819.
Steckel, H.: Epikurs Prinzip der Einheit von Schmerzlosigkeit und Lust. Diss. Göttingen 1960.
Steckel, H.: Epikuros. In: Paulys Realencyklopädie der classischen Altertumswissenschaft. Suppl.-Bd. 11. Stuttgart 1968. Sp. 579–652.

Nachtrag 1985

Editionen, Kommentare, Hilfsschriften

H.-J. Mette: Epikuros 1963–1978. [Forschungsbericht.] Göttingen 1979. (Lustrum. 21.)

La pensée du plaisir. Ed. J. Bollack. Paris 1975.

Epicure à Pythoklès. Ed. J. Bollack et A. Laks. Lille 1978. (Cahiers de Philologie, Univ. Lille. 3.)

Epicurus: On Nature, Book XXVIII. Ed. D. Sedley. In: Cronache Ercolanesi 3 (1973).

Polystratos: Μεϱὶ ἀλόγου καταφϱονήσεως. Ed. comm. G. Indelli. Neapel 1978.

Diogenes of Oenoanda: The fragments. Transl. by C. W. Chilton. London/Oxford 1971.

Sekundärliteratur

Eisenberger, H.: Demokrits Vorstellung vom Sein und Wirken der Götter. In: Rheinisches Museum 113 (1970) S. 141 ff.

Fritz, K. v.: Grundprobleme der Geschichte der antiken Wissenschaft. Berlin/New York 1971.

Gigante, M.: Ricerche Filodemee. Neapel 1969.

Goldschmidt, V.: La doctrine d'Epicure et le droit. Paris 1977.

Kraemer, H.-J.: Epikur und die hedonistische Tradition. In: Gymnasium 87 (1980) S. 294 ff.

Kullmann, W.: Zur Nachwirkung des homo-mensura-Satzes bei Demokrit und Epikur. In: Archiv für die Geschichte der Philosophie 51 (1969) S. 128 ff.

Langerbeck, H.: Δόξις ἐπιϱυσμίη. Studien zu Demokrits Ethik und Erkenntnislehre. Diss. Berlin 1934.

Marx, K.: Über die Differenz der demokratischen und epikureischen Naturphilosophie. Diss. Jena 1841. Wiederabgedr. in: Marx/Engels: Werke. Erg.-Bd. 1. Berlin 1968 [u. ö.].

Philippson, R.: Studien zu Epikur und den Epikureern. Hrsg. von W. Schmid und C. J. Classen. Hildesheim/Zürich 1983.

Sambursky, S.: Das physikalische Weltbild der Antike. Zürich 1965.

Sambursky, S.: Der Weg der Physik. Zürich 1975.

Schmidt, E. G.: Zu K. Marx' Epikurstudien. In: Philologus 113 (1969) S. 129 ff.
Solmsen, F.: Kleine Schriften. Hildesheim 1968.
Solmsen, F.: Intellectual experiments of the Greek Enlightenment. Princeton 1975.

Nachwort

1

Unter Philosophie versteht Epikur den Versuch, tiefverwurzelte Verwirrungen und Ängste theoretisch und praktisch zu überwinden und den Menschen einen Weg zum Lebensziel, der »Unerschütterlichkeit« (ἀταραξία), zu weisen. Alles philosophische Sprechen richtet sich auf Diagnose und Therapie seelischer Leiden: »Leer ist jenes Philosophen Rede (λόγος), durch die kein Affekt (πάθος) des Menschen geheilt wird. Denn wie die Heilkunde unnütz ist, wenn sie nicht die Krankheiten aus dem Körper vertreibt, so nützt auch die Philosophie nichts, wenn sie nicht die Erregung (πάθος) der Seele vertreibt.«[1]
Der epikureische Logos soll zweierlei leisten: rationale Welterklärung und heilende Aussprache. Denn sein Ziel kann er nur dann erreichen, wenn er den Menschen die universalen Gesetzmäßigkeiten einsichtig macht, denen ihre leib-seelische Verfassung unterworfen ist. Wenn die Naturerklärung (φυσιολογία) alle äußeren Bedrohungen, alle inneren Erregungszustände auf atomare Bewegungsvorgänge zurückführt, so gelingt es ihr schon allein dadurch, Fehldeutungen elementarer Ängste und Triebansprüche aufzuklären und als sinnlos zu erweisen. Wie seelisches Leid zu meiden, wo menschenmögliches Glück zu suchen sei, soll dann die Ethik aufzeigen. Religiöse Strafangst, Todesangst, Angst vor Schmerz und Leid sowie fehlgeleitete Glückserwartungen verdienen dabei eine besondere Behandlung, weil die Menschen ihnen noch am ehesten hilflos ausgeliefert sind. »Immer und überall soll die ›Vierfach-Medizin‹ (τετραφάρμακος) griffbereit sein: Keinen Schrecken erregt der Gott, keinen Argwohn der Tod, und das Gute ist leicht zu verschaffen, das Bedrohliche aber leicht zu ertragen.«[2]

1 fr. 221 Us.
2 Arr. [196].

Über diese Wahrheit verfügt der epikureische Philosoph jederzeit. Denn lange und kurze Darlegungen laufen im wesentlichen immer auf dasselbe hinaus,[3] nämlich darauf, den tiefsitzenden Stachel der Betroffenheit von existentiellen und wissenschaftlichen Fragen vollständig zu lösen. Die Gewißheit, unberührt von ungeklärten Einzelproblemen alle universalen Gesetzmäßigkeiten mit Hilfe physikalischer Elementarsätze endgültig im Griff zu haben, trägt Epikurs theoretische Lebensarbeit bis ans Ende.

Den Anstoß dazu will er, seiner Herkunft nach athenischer Bürger, doch geboren in der fernen Provinz auf Samos (341 v. Chr.), schon im Alter von 14 Jahren empfangen haben. Dorthin waren sein Vater Neokles als attischer Militärkolonist (Kleruch) und seine Mutter Chairestrate zur Landnahme gezogen (352 v. Chr.). Die Landwirtschaft sollte dem Elementarlehrer und seiner um vier Söhne anwachsenden Familie zu bescheidenem Wohlstand verhelfen. Nach kurzer, für ihn enttäuschender Lehrzeit bei dem Platoniker Pamphilos zog es den jungen Epikur nach Teos zu dem Atomisten Nausiphanes. Als der Heranwachsende, wie er selbst bezeugt, teilnahm »an den Frühschoppen des Nausiphanes, der aus Anaxagoras und Empedokles vorlas und darüber eifrig spintisierte«[4], stieß ihn bald »die sophistische Prahlerei«[5] des sich vor »lärmenden Jünglingen« aufspreizenden Mannes entschieden ab.

Seine lebenslange Ablehnung der Rhetorik, gebe sie sich nun als Ausweis polyhistorischer Bildungshuberei oder als Waffe der spätsophistischen Anmaßung, die politische Willensbildung nach Belieben geradezu naturwissenschaftlich exakt steuern zu können, entstammt seinem genauen Einblick in Form und Inhalt dieses Lehrbetriebes. Ebenso nachhaltig sah er sich auf den unverfälschten Ursprung des Atomismus, das universale Schrifttum des Demokrit (etwa 460–370 v. Chr.), verwiesen. Dessen atomistische Erklärung der Kosmo- und Phylogenese eignete er

3 SV 26.
4 D.-Kr., 75 A 7.
5 D.-Kr., 75 A 9.

sich in seinem nächsten Lebensjahrzehnt an, bevor er zum erstenmal als philosophischer Lehrer hervortrat.
Zu seinen Wanderjahren als Autodidakt in der Provinz mochte ihn die persönliche Erfahrung der politischen Umwälzungen bewogen haben, die nach Alexanders Tod (323 v. Chr.) wegen der Machtkämpfe der Diadochen und der zahlreichen Autonomiebestrebungen die griechischen Stadtstaaten heimsuchten. Als er 321 v. Chr. aus Athen von seinem zweijährigen Militärdienst (Ephebie) in seine samische Heimat hätte zurückkehren sollen, hatte die Familie bereits ihr Grundstück an die makedonischen Besatzer unter Perdikkas verloren und war nach Kolophon ins Exil geflohen. Athen – die Mutterstadt wäre die eigentliche Zuflucht der Vertriebenen gewesen – büßte damals im Lamischen Krieg (323/322 v. Chr.) gegen den Diadochen Antipatros seine Seeherrschaft ein und mußte ebenfalls makedonische Besatzungstruppen dulden. Epikur überstand die Krisenzeit mit Hilfe der Familie, die sich nach der Rückgabe von Samos an Athen (319 v. Chr.) eine Entschädigung für den Verlust des Grundstücks zahlen ließ.
Wenn er die von ihm erstrebte Lebensform bestimmte als »Tätig-Sein (ἐνέργεια), das durch Begründungen (λόγοι) und Gespräche (διαλογισμοί) das glückselige Leben verschafft«[6], so hatte er in seine Definition bereits die solidarische Gemeinschaft aufeinander angewiesener Menschen hineingenommen. Er wandte sich an Adressaten, die in ihrer Polis weder eine praktische noch eine geistige Lebensorientierung finden konnten und nach neuen Bindungen Ausschau hielten. Seine Lehrsätze über die Sicherheit vor den Menschen (RS VI, VII, XIV) lassen noch erkennen, warum der angestrebte Freundschaftsbund jene äußere und innere Existenzsicherheit zu gewähren versprach, die der einzelne auf dem Wege einer politischen Karriere innerhalb seiner Polis kaum mehr erreichen konnte.
Er begann in Mytilene und Lampsakos (311–306 v. Chr.), durch sein begeisterndes Auftreten einflußreiche Persönlichkeiten um

6 fr. 219 Us.

sich zu scharen und einen Freundeskreis Gleichgesinnter zusammenzuschließen: Hermarchos – seinen ersten Nachfolger als Schulhaupt – gewann er in Mytilene; als die dortige Behörde seine Lehrtätigkeit unterband, fand er in Lampsakos den Metrodoros, dessen Bruder Timokrates, Idomeneus, Leonteus und dessen Frau Themista, Kolotes und Polyainos.
Erst nach dem Sturz des Demetrios von Phaleron (307 v. Chr.), als die Demokratie in Athen wieder aufzuleben schien, erwarb er für 80 Minen jenes Gartengrundstück (κῆπος), das seinen athenischen Anhängern – ihre Zahl wuchs nach und nach auf etwa 200 – Schulzentrum und Zufluchtsstätte in einem war.
Die wohlhabenden Mitglieder der Niederlassung in Lampsakos, der Idomeneus am Hofe des Diadochen Lysimachos (etwa 360–281 v. Chr.) politischen Einfluß sicherte, unterstützten das neue Zentrum mit Jahresbeiträgen (συντάξεις). Epikurs weitgespannte Korrespondenz – persönlich missionierte er nur noch zwei- oder dreimal in Kleinasien – sicherte den materiellen und ideellen Zusammenhalt des Bundes, warb neue Schüler, knüpfte politische Fäden, schlichtete intern persönliche oder dogmatische Streitigkeiten und schwor die verstreuten Anhänger mit einer gekonnt polemischen Abgrenzungsstrategie gegen konkurrierende Schulen auf seine Lehre ein. Sein Wahlspruch »Lebe im Verborgenen!« enthielt unausgesprochen die Aufforderung, der neuen Lebensform den nötigen Freiraum zu schaffen und zu bewahren. So konnte Mithres, der als Finanzminister des Lysimachos einen nennenswerten Anteil zu den Schulbeiträgen beizusteuern hatte, mit der Hilfe Metrodors rechnen, als er am Piräus gefangengehalten wurde. Epikureische Freundschaft (φιλία) begann beim Nutzen[7] (χρεία) und fordert äußerste Opferbereitschaft in der Not.[8]
Der Kepos mußte sich als Konkurrenzgründung von den beiden herrschenden Philosophenschulen, der platonischen Akademie und dem aristotelischen Lykeion, in seiner inneren und äußeren Organisation wesentlich abgrenzen. Ins Zentrum des psychago-

7 fr. 540 Us.
8 fr. 546 Us.

gischen Betreuungssystems[9] gehörten die »Einübung« (ἄσκησις) und die »Seelsorge« (θεράπεια). Unter ἄσκησις verstand Epikur die geistige und seelische Aneignung seiner Philosophie. Der Zögling mußte die einprägsam formulierten Hauptlehren memorieren, gedanklich beherrschen und, sofern es um ethische Grundsätze ging, praktisch einüben. Für sein Seelenheil war es gleichgültig, ob ihn hohes Alter, mangelnde Begabung oder eine ungenügende Elementarerziehung daran hinderten, auf den entwickelten Diskussionsstand der Bücher *Über die Allgesetzlichkeit* zu gelangen. Jedermann waren die gerafften Ergebnisse der ethischen Lehrvorträge in protreptischen Missionsbriefen oder katechetischen Spruchsammlungen zugänglich. Ebenso konnte jedermann über die einfachen Elementarsätze (ἁπλὰ στοιχειώματα) der theoretischen Disziplinen im Rahmen eines »Abrisses« (ἐπιτομή) unmittelbar verfügen, ohne sich mit einzelnen Präzisierungen (ἀκριβώματα) oder weitreichenden Begründungszusammenhängen befassen zu müssen. Denn dies theoretische Rüstzeug genügte in der Regel, um Vorbehalte gegenüber des Meisters Lebenslehre auszuräumen und die Bereitschaft für deren praktische Beherzigung (μελέτη) zu wecken. Damit war der Boden für die seelsorgerische Behandlung (θεράπεια) bereitet. Der »Seelenführer« (καθηγούμενος) hatte seinen Zögling zu betreuen, dessen Gewissen (συνείδησις) in seinen Regungen zu beobachten und den entscheidenden Durchbruch, die »Zerknirschung« (συντριβή) über die eigenen Schwächen, vorsichtig herbeizuführen: »Der Ursprung des Heils (σωτηρία) ist die Selbstverurteilung (κατάγνωσις).«[10] Die Seelenbeichte öffnete den Zögling innerlich für die heilende Aussprache mit seinem Mentor, die »Wiederaufrichtung« (ἐπανόρθωσις). Sein wiedererstarkendes Selbstbewußtsein fühlte sich danach noch enger an das Gruppencharisma gebunden. Jeder, der sich auf diese Weise selbst verwirklichen wollte, durfte in den Freundschaftsbund ohne Rücksicht auf Rang oder Herkunft eintreten. Frauen und Sklaven schlossen sich an. Die gebildete Hetäre

9 Vgl. Schmid, RAC, Sp. 740–746.
10 Schmid, RAC, Sp. 805.

Leontion – Epikur antwortete einmal enthusiastisch auf einen ihrer Briefe[11] – wurde sogar zeitweise mit der Oberaufsicht über den Kepos betraut, die zwischen den Mitgliedern zu wechseln pflegte.

Es galt für die Akademie[12] auch nach Platons Tod (347 v. Chr.) als verbindlich, daß philosophische Erkenntnis aus der dialektischen Anstrengung der miteinander Philosophierenden immer neu gewonnen werden muß, bevor ihr Ursprung wieder vergessen wird und sie sich zur darstellbaren Lehre verfestigt. Ein solcher Erkenntnisanspruch, der die von ihm Betroffenen in einer hochentwickelten Institution philosophischer Forschung verband, blieb Epikur zeitlebens fremd. Der Kepos verzichtete auf Dialektik und Mathematik und ließ Mitglieder ohne wissenschaftliche Vorbildung zu.

Epikur beanspruchte mit seinen »Abrissen«, die atomistische Prinzipienlehre mit sprachlichen Formeln (φωναί) in allgemeine Erklärungsmodelle (τύποι) zusammenzufassen, aus denen dann nach Bedarf weitere Präzisierungen (ἀκριβώματα) abzuleiten waren. Hierin unterschied er sich von dem Wissenschaftsverständnis des Aristoteles (384–322 v. Chr.) und noch tiefgreifender von der eher aporetisch und einzelwissenschaftlich ausgerichteten Methode seines Nachfolgers Theophrast (371–287 v. Chr.). Denn für Aristoteles waren Prinzipien (ἀρχαί) immer Prinzipien eines von ihnen durchgängig strukturierten Wirklichkeitsbereiches: Bevor dessen Struktur nicht begrifflich erschöpfend analysiert und von anderen abgegrenzt war, ließ sich auch kein gesicherter Begründungszusammenhang für dessen Prinzipien entwickeln. Bis dahin konnte man nicht gewiß sein, ob man die Prinzipien zureichend bestimmt oder auch nur vollständig ermittelt hatte. Gegenüber solchen umfassenden Strukturanalysen, die auch semantische Klärungen und problem-

11 fr. 143 Us.

12 Epikur mag 332 v. Chr. physikalische Vorlesungen des damaligen Schulhauptes Xenokrates gehört haben und davon zu seiner Minima-Lehre inspiriert worden sein (vgl. Abschn. 3 des Nachwortes). H.-J. Krämer zieht in seinem Buch (Kap. 4) Verbindungslinien von der akademischen Physik zu der Epikurs.

geschichtliche Ableitungen einschlossen, konnte sich Epikur weder auf bloße Anschauungsgewißheiten (ἐνάργειαι) noch auf überkommene Theoreme zurückziehen, weil die aristotelische Methode gerade bei ihnen ansetzte. Daher war es in besonderem Maße der Peripatos, der Epikur zum systematischen Ausbau seiner Philosophie herausforderte.

2

Der scheinbare Widerspruch zwischen dem umfangreichen theoretischen Gesamtwerk, das Epikur während seiner Athen-Periode (306–271) schuf, und seinem auf praktische Lebensbewältigung gerichteten Anspruch löst sich auf, wenn man sein Lebenswerk als systematische Revision des alten Atomismus in der Auseinandersetzung mit den attischen Universalphilosophien seiner Zeit begreift. Bevor also nach der theoretischen Geschlossenheit von Epikurs Philosophie gefragt werden kann, ist zunächst der Wandel der atomistischen Ausgangspositionen von Leukipp zu Epikur in einigen Grundzügen zu erläutern. Es wird dabei indirekt das Problem deutlich werden, inwiefern die Entwicklung des Atomismus eine Grenze erreichte, die erst die neuzeitliche Naturwissenschaft von gänzlich anderen Voraussetzungen aus zu überwinden vermochte.

»Herkömmlicherweise: ›Farbe‹, herkömmlicherweise: ›Süß‹, herkömmlicherweise: ›Bitter‹, eigentlich (ἐτεῇ) aber Atome und Leeres.«[13] Dieser Satz des Demokrit von Abdera (etwa 460 bis 370 v. Chr.) erschüttert die sinnliche Gewißheit, die bewegte Körperwelt um uns sei auch in Wirklichkeit so, wie sie sich den Sinnen darbiete. Denn Demokrit ist davon überzeugt, die aus Gesicht, Gehör, Geruch, Geschmack und Tastsinn entspringende ›dunkle Einsicht‹ (γνώμη σκοτίη)[14] dringe nicht in die Tiefe der ›eigentlichen‹ Wirklichkeit: »Eigentlich (ἐτεῇ) wissen wir nichts: denn in der Tiefe ist die Wahrheit (ἀλή-

13 D.-Kr., 68, B 125.
14 D.-Kr., 68, B 11.

ϑεια).«[15] Die Wahrheit, die »eigentliche« Wirklichkeit, öffne sich allein dem Scharfblick der »echten Einsicht« (γνώμη γνησίη)[14].

Ihr Gegenstand ist jedoch nicht mehr sinnlich gegeben. Woher weiß Demokrit dann, daß Atome und Leeres die »eigentliche« Wirklichkeit sind? Oder genauer: Woher weiß er, daß das Erscheinungsbild der bewegten Körperwelt nur von den Atomen und dem Leeren unsichtbar determiniert wird? Diese Frage ist für Demokrit die Frage nach dem Zugang zur ›Physis‹. Unter ›Physis‹ versteht er die Gesamtheit der sich eigengesetzlich im Leeren ständig bewegenden unteilbaren Gestalten (ἄτομοι ἰδέαι) und die Eigengesetzlichkeit ihres Bewegungsspiels, das unendlich viele werdende und vergehende Körper und Welten unaufhörlich aus sich erzeugt. Bereits Demokrits Lehrer Leukipp sah diese Eigengesetzlichkeit des kosmischen Geschehens: »Kein Vorgang geschieht blindlings, sondern alles aus einsehbarer Gesetzmäßigkeit (λόγος) und infolge zwingender Notwendigkeit (ἀνάγκη).«[16]

Ein neuzeitlicher Physiker hätte diese Frage als Aufforderung verstehen müssen, unseren begrenzten Erfahrungsraum mit Hilfe quantifizierender Meßverfahren auf mathematischer Basis zu erweitern, eine Basishypothese in überprüfbare Teilhypothesen zu zergliedern, die Kovarianzen isolierter Beobachtungsgrößen zu erforschen, experimentell umzusetzen und für seine Axiome auszuwerten. So haben Galilei, Kepler und Newton die Grundlagen der klassischen Mechanik entdeckt. Für sie und jeden ›physikalisch‹ denkenden Menschen stellt sich der antike Atomismus als bloßes Gedankenexperiment, als rein spekulatives Hypothesengebäude dar.

Doch gerade im reinen und konsequenten Aus-Denken eines intuitiv erfaßten Weltgesetzes suchten die vorsokratischen »Physis«-Denker sich der Wahrheit im Fluß der schwankenden Meinungen zu vergewissern. Leukipp und Demokrit haben

15 D.-Kr., 68, B 117.
14 D.-Kr., 68, B 11.
16 D.-Kr., 67, B 2.

nichts anderes getan, als sie sich der Herausforderung des reinen Denkens stellten, die ihnen in Gestalt des Parmenides von Elea (um 515 – um 445 v. Chr.) und seiner Schüler entgegentrat. Es sei daher im folgenden kurz umrissen, wie sich die atomistische Auffassung der »Physis« aus dem eleatischen Denken entwikkelte.

Das Lehrgedicht des Parmenides schildert zunächst[17] seine Auffahrt ins Lichtreich, an dessen Tor ihn »die Göttin« empfing. Sie warnte ihn eindringlich vor dem falschen »Weg des Suchens«, auf dem der »unentschiedene Haufe« umherirre, und wies ihm einen Weg jenseits des sinnlichen Scheins:

»Die erfahrungsreiche Gewohnheit darf dich nicht auf diesen Weg nötigen,
daß du walten ließest das blicklose Auge, das dröhnende Gehör
und die Zunge. Vielmehr beurteile mit dem Denken (λόγος) die streitbare Widerlegung,
wie ich sie gegeben habe. Es bleibt nur übrig von einem Weg
zu reden, dem Weg des Ist. Auf diesem sind sehr viele Zeichen,
daß (es), ungeworden, auch unvergänglich ist,
denn (es) ist ganzleibig und regungslos und endlos (?),
und ›war‹ nicht einmal oder ›wird sein‹, weil (es) all-zusammen jetzt ist,
eines, zusammenhängend ...«[18]

Damit hat die Göttin dem Parmenides »der überzeugenden Wahrheit untrüglich Herz«[19] enthüllt. Ausschließlich die Allgegenwart des Seins ist dem Denken, und nur ihm, unverrückbar gegeben: »Dasselbe nämlich ist Denken und Sein.«[20] Deshalb kann Parmenides ausschließlich über die Merkmale des »Ist« verläßliche Aussagen (λόγοι) treffen. Ein »Ist-Nicht« ist undenkbar, weil Aussagen über eine aufgegliederte Vielheit ab-

17 In das Lehrgedicht führt H. Fränkel, S. 398 ff., ein.
18 Übersetzung von Fränkel, S. 405.
19 D.-Kr., 28, B 1, Z. 29.
20 D.-Kr., 28, B 3.

grenzbarer Gegenstände und Merkmale die Aussagbarkeit der allgegenwärtigen Einheit aufhöbe. Das scheinbare Bewegungsspiel des Werdens und Vergehens in Raum und Zeit muß er aus den illusionären Mutmaßungen (δόξαι) der Menschen rekonstruieren. So entwirft er im Schlußteil eine Kosmologie des Scheins.

Parmenides' gedankenklare Vision eines absoluten Seins provozierte bald den Widerspruch derer, die es als paradox empfanden, Vielheit und Bewegung als Schein zu betrachten. Mit einem dialektischen Kunstgriff führte Zenon von Elea (um 490–430) die Gegner seines Meisters in die Aporie. In einer Reihe indirekter Beweisgänge unterstellt er, die gegnerische Hypothese sei wahr, d.h. Vielheit und Bewegung existierten, und versucht umgekehrt zu demonstrieren, daß sich aus ihr paradoxe Schlußfolgerungen ableiten ließen. Unter dem Namen »Achill und die Schildkröte« ist eines seiner Bewegungsparadoxe später berühmt geworden: Der Verfolger vermag das langsame Wesen niemals einzuholen, weil er immer erst zu dem Punkt gelangen muß, von dem es schon aufgebrochen ist, so daß es immer einen gewissen Vorsprung behalten muß. Zenon will damit nicht eine augenscheinliche Gegebenheit bestreiten, sondern die Gegner in das Infinitesimalproblem verstricken. Die Gegner sind so gezwungen, den augenscheinlich kontinuierlichen Bewegungsverlauf auf einer gegebenen Strecke in meßbare Teilstrecken aufzuteilen. Um aber das Bewegungskontinuum gedanklich festhalten zu können, müssen sie eine stetige Folge unendlich vieler und unendlich kleiner Teilstrecken denken, d.h. eine *divisio ad infinitum* vollziehen. Dies aber hätte zur Folge, daß Achill unendlich viele Teilstrecken zu durchmessen hätte und somit nie sein Ziel erreichen könnte. Erscheinungswelt und Denken führten einander wechselseitig ad absurdum und erwiesen sich als unvereinbar. Für Zenon liegt die Paradoxie darin begründet, daß man zwei Merkmale des absoluten Seins, Unendlichkeit und Kontinuität, auf die augenscheinliche Bewegung überträgt und durch ein quantifizierendes gedankliches Ausmessen aufteilt. Wenn also Vielheit und Bewegung der Erscheinungswelt wirk-

lich gedacht werden sollen, dann müßten Merkmale des Seienden und des Nicht-Seienden widerspruchsfrei in Relation gesetzt werden können: »Wäre eine Vielheit von Dingen, so müßten sie gerade so beschaffen sein wie die Einheit.«[21]
Genau diese Forderung suchten die Atomisten mit ihrer Auffassung der »Physis« einzulösen. Die Atome tragen wesentliche Seinsmerkmale:[22] sie sind ungewordene, unvergängliche, dichte (ναστά) und unteilbare Einheiten. Das Nicht-Sein, das »große Leere« (μέγα κενόν), trennt die Einheiten zu unendlicher Vielheit und strukturiert sie zu vielfältigen Gestalten (ῥυσμοί). Verflechtung (περιπάλαξις) bindet die Atomkörper (σώματα) in Kompositionen, die sich durch relative Lage (τροπή) und Berührung (διαθιγή) ihrer Atomkörper voneinander unterscheiden und so die bewegte Körperwelt aufbauen. Aus ihrer unterschiedlichen Struktur entstehen die wechselnden Sinneseindrücke, die entweder in unmittelbarer Berührung (Geruch, Geschmack, Tastsinn) oder durch vom Körper abgelöste Sichtbilder (εἴδωλα) übermittelt werden.
Doch wie erklären die Atomisten die Bewegung? Die »dunkle Einsicht« könnte lediglich äußeren Druck und Stoß aus der sinnlich gegebenen Körperwelt ableiten, ohne das immerwährende Bewegungschaos der Atome im leeren All zu durchschauen. Erst die »echte Einsicht« öffent den Blick in die Tiefe und läßt uns begreifen, daß der eigengesetzliche Bewegungsimpuls (πληγή) oder -schwung (ῥυμή)[23] der Atome ihre konstante Bewegungstendenz (ῥοπή) im leeren All bestimmt. Dieser Bewegungsschwung ist, da alle Atome absolute, d.h. gleiche Dichte besitzen, ihrer relativen Größe proportional. Wenn man also die Faktoren »konstantes Beharrungsvermögen« und »träge Masse« im Sinne Newtons an dieser Stelle einsetzen darf, ist folgendes Resümee sicher nicht zu kühn: »Demokrit hat seine Atome so konzipiert, daß ihr Verhalten in einer Weise bestimmt

21 Melissos, D.-Kr., B 8, 6.
22 D.-Kr., 67, B 1.
23 R. Löbl arbeitet den authentischen Hintergrund der peripatetischen Umschreibungen heraus.

werden kann, daß darauf Begriffe anwendbar sind, die bei der Entstehung der klassischen Physik geprägt und definiert wurden, wobei es nicht die mathematische Form, sondern der philosophische Gehalt dieser Begriffe ist, der die Beziehung ermöglicht.«[24]

So treffend damit die eigengesetzliche Energie als »Physis« der atomaren Elementarbewegung erfaßt war, so ungeklärt mußte der sinnengebundenen Anschauung das Phänomen der »Schwere« und des »ruhenden Körpers« im Bereich der Erde erscheinen. Demokrit wußte, daß auch unser Kosmos sich aus einem Ur-Wirbel (δῖνος) herausgebildet und »Gleiches zu Gleichem«[25] ausgesondert hatte.

Mit standhafter Skepsis weigerte er sich nun, innerhalb der neuentstandenen Körperwelt dem Atom »Schwere« als ursprüngliches »Physis«-Merkmal zuzuerkennen. Seine theoretische Konsequenz konnte nicht unangefochten bleiben. Und wie der alte Atomismus der Herausforderung des eleatischen Seinsdenkens entsprungen war, so entwickelte sich seine systematische Revision in der Auseinandersetzung mit den attischen Universalphilosophien des folgenden Jahrhunderts.

3

Da Aristoteles' Theorie des anschaulichen raum-zeitlichen Bewegungskontinuums und seine Kosmologie den Atomismus vor seine entscheidende Bewährungsprobe stellten, geht die folgende Skizze von ihrer Darstellung aus.

Aristoteles entwickelt diese Theorie im Buch Z seiner *Physik*. Zunächst weist er nach,[26] daß weder Berührung noch Addition ein Kontinuum herstellen können. Um eine Linie (γραμμή) zustande zu bringen, müßten diskrete Punkte (στιγμαί) entweder einander ganz oder teilweise berühren oder additiv gereiht

24 Löbl, S. 201.
25 D.-Kr., 68, B 164.
26 Kap. 1 bis 231 b 18.

(ἐφεξῆς) ein »Zwischen« (μεταξύ) zulassen. Daraus zieht er den Schluß: »Es ist offensichtlich, daß jedes Kontinuum (συνεχές) teilbar ist in jeweils teilbare Einheiten.«[27] Diese Erkenntnis gilt, wie die folgenden Kapitel[28] zeigen, auch für Ausdehnung (μέγεθος) und Zeit (χρόνος) als Relationsphänomenen der Bewegung (κίνησις) sowie für das Umschlagen (μεταβάλλειν) von Stillstand in Bewegung und von Bewegung in Stillstand: »Da jedes Bewegte sich in einem Medium bewegt und eine bestimmte Zeit hindurch und es von jedem Bewegung gibt, gelten notwendig dieselben Teilungsverfahren für die Zeit, die Bewegung, das Sich-Bewegen, das Bewegte und das Medium, worin sich die Bewegung vollzieht.«[29] Vier Bewegungsparadoxien Zenons vermag er rasch aufzulösen, weil drei von ihnen – die »Dichotomie«, »Achill und die Schildkröte« und das »Stadion« – in eine endliche Strecke ein aktual Unendliches (ἐντελεχείᾳ ἄπειρον) verlegen, das er bereits in einem früheren Buch (Γ) als widersprüchliches Denkmodell ausgeschlossen hat. Das vierte – der fliegende Pfeil ruhe in jedem bestimmbaren Moment – beruht auf einer Teilung des Zeitkontinuums in diskontinuierliche »Jetzte« (τὰ νῦν).

Die für den alten Atomismus vernichtende Schlußfolgerung zieht er in folgendem Passus des Schlußkapitels:[30] »Folglich ist es nicht möglich, daß das Teillose (ἀμερές) sich bewegte oder überhaupt umschlüge. Denn einzig und allein dann wäre seine Bewegung möglich, wenn die Zeit aus ›Jetzten‹ (τὰ νῦν) bestünde; denn jeweils hätte es sich im ›Jetzt‹ gerade bewegt und wäre umgeschlagen, so daß es sich niemals bewegte, sondern sich jeweils gerade bewegt hätte. Daß dies unmöglich ist, ist im vorigen bereits bewiesen. Denn weder setzt sich die Zeit aus ›Jetzten‹ noch die Linie aus Punkten noch die Bewegung aus Bewegungssprüngen (κινήματα) zusammen.«[31]

27 231b 15f.
28 Kap. 1 (Rest) bis Kap. 8.
29 235a, 13–17.
30 Kap. 10, 240b 30 – 241a 4.
31 Von dieser Stelle geht Furley in seiner Studie aus.

Wenn Epikur an den teillosen Atomen und dem Leeren Demokrits festhalten wollte, so war er zu einer tiefgreifenden Revision der atomistischen Bewegungslehre gezwungen. Da die Atome sich an Größe und Gestalt unterscheiden, können sie nicht zugleich als theoretisch unteilbare Maßeinheiten des raum-zeitlichen Bewegungsablaufs gelten. Ebensowenig geht es an, die anschaulich gegebene Kontinuität dieses Bewegungsablaufs leugnen zu wollen. Daher muß Epikur zunächst eine unsichtbar diskontinuierliche Atombewegung trennen von der sichtbar kontinuierlichen Körperbewegung. Um dennoch beide Bewegungsformen aufeinander beziehen zu können, entwickelt er ein System[32] minimaler Maßeinheiten:

Sinnlich faßbare Minima	*Theoretische Minima*
	Atomares Minimum (ἐλάχιστον) oder Grenzmaß (πέρας)
Wahrnehmungsminimum (ἐλάχιστον τῇ αἰσθήσει)	
	Teillose Raumstrecke (ἀμερὲς μέγεθος)
	Minimales Winkelintervall (ἐλάχιστον)
Kleinste stetige Zeiteinheit (ἐλάχιστος συνεχὴς χρόνος)	Gedanklich erschließbare Zeiteinheit (λόγῳ θεωρητὸς χρόνος)
	Grenzwert der Bewegung (πέρας κινήσεως)

Der Grenzwert der Bewegung ist dadurch bestimmt, daß ein – nur theoretisch isolierbares – atomares Minimum in einem theoretischen Zeitminimum ein theoretisches Raumminimum zurücklegt. Die sichtbar kontinuierliche Bewegung eines Körpers resultiert aus der vorherrschenden Richtungstendenz ruckartiger atomarer Bewegungsschübe innerhalb des Körpers, die un-

32 Vgl. H.-J. Krämer, S. 231ff.

terhalb der Wahrnehmungsschwelle liegen. Ein sichtbar bewegter Körper wird um so langsamer, je mehr sich die unterschiedlichen Richtungstendenzen seiner Körperatome durch den Aufprall (ἀντικοπή) aufeinander und auf externe Partikel wechselseitig ausgleichen: Innere Vibration (παλμός) und äußere Kollision stehen in Wechselwirkung. Der Extremfall eines sichtbar ruhenden Körpers liegt dann vor, wenn sich durch den wechselseitigen Aufprall ein Äquilibrium gegenläufiger Bewegungstendenzen herstellt. In allen Fällen bleibt die absolute Geschwindigkeit der Atome innerhalb des Körpers konstant und unfaßbar schnell.

In seiner Kinetik sucht Epikur jedoch nicht nur eine unfaßbar schnelle, konstante und diskontinuierliche Elementarbewegung der Atome innerhalb unserer Erscheinungswelt theoretisch abzusichern, sondern auch das atomistische Prinzip des leeren Raumes vor dem Widerlegungsversuch des Aristoteles zu retten. Aristoteles betrachtet den leeren Raum als eine physikalische Absurdität, die ungleiche Geschwindigkeiten ausschlösse. Denn für ihn ist die Geschwindigkeit eines Körpers umgekehrt proportional zur Dichte des Mediums und direkt proportional zu seiner Schwere (ῥοπή). Da nun der leere Raum keinen Widerstand böte, müßten in ihm alle Körper gleich schnell sein.[33] Die beobachtbaren Geschwindigkeitsunterschiede innerhalb der bewegten Körperwelt schlössen diese Möglichkeit aber aus. Also sei auch die Existenz eines leeren Raumes physikalisch unmöglich. Dieser für die Wissenschaftsgeschichte der Physik so folgenreiche Gedanke beruht auf zahlreichen erkenntnistheoretischen und kosmologischen Vorannahmen. Er setzt voraus, daß die uns umgebende Erscheinungswelt eine ewige und unveränderliche Ordnung, ein Kosmos anschaulich gegebener Bewegungsabläufe sei. Absolut gesetzte anschauliche Orientierungskategorien – Aufwärts-, Abwärts- und Kreisbewegung, »Oben« und »Unten«, »Leicht« und »Schwer« – sollen den Erdbewohnern ermöglichen, sich im ruhenden Mittelpunkt des einzigen,

33 *Physik*, 216a, 11ff.

vollendeten und begrenzten Kosmos zu sehen, der sie mit dem gleichförmigen Kreisen seiner konzentrisch bewegten Gestirnsphären umschließt. Alle anschauliche Gewißheit scheint also nicht nur die aristotelische Bewegungslehre, sondern auch seine Kosmologie zu bestätigen.

Epikur sieht sich auch gegenüber der aristotelischen Kosmologie außerstande, altatomistische Grundpositionen aufrechtzuerhalten, ohne andere, ihm entbehrlich erscheinende Lehrstücke dafür zu opfern. Das anfangs- und endlose Werden und Vergehen zahlloser Kosmoi im unendlichen All aus dem ewigen Bewegungschaos der Atome, die sich zu immer neuen Ur-Wirbeln formieren, ist das unverzichtbare Kernstück der altatomistischen Kosmologie. Doch was war vor diesem Bewegungschaos? Die alten Atomisten hätten es versäumt, nach dem Ursprung (ἀρχή) der Bewegung der Atome zu fragen, so lautet die Kritik des Aristoteles. Unter ἀρχή versteht er dabei sowohl den Ursprung als auch das Prinzip der Bewegung der Atome, weil für ihn Sich-Bewegen innerhalb der Körperwelt immer ein Bewegt-Werden von außen voraussetzt. Alle Fragen müssen daher – soll eine unendliche Iteration ausgeschlossen sein – beim »ersten, unbewegten Bewegenden« (πρῶτον κινοῦν ἀκίνητον) enden, das die ewige kosmische Bewegung von der äußersten Himmelssphäre aus kontinuierlich in Gang hält. Wenn Epikur die Frage nach der ἀρχή atomistisch beantworten will, so benötigt er ein Prinzip, das die konstante Diskontinuität der unfaßbar schnellen Atombewegung kosmologisch erklärt und einen theoretischen »Anfang« setzt.

Da Epikur am leeren All festhalten muß, greift er die von Aristoteles verworfene Hypothese einer für alle Körper gleichen und konstanten Fallgeschwindigkeit im leeren Raum auf. Mit ihrer Hilfe entwirft er seine Theorie vom freien Fall der Atome im All: alle Atome, die »leichten« und die »schweren«, fallen parallel zueinander senkrecht von »oben« nach »unten« in gleichmäßiger Geschwindigkeit (ἰσοταχία). Weil sie einander weder vertikal noch horizontal berühren können, so ist, um das diskontinuierliche Bewegungsspiel in Gang zu setzen, ein seit-

liches Ausbiegen (παρέγκλισις) in einem minimalen Winkelintervall (ἐλάχιστον) erforderlich. Diese minimale Unbestimmtheit der atomaren Elementarbewegung kann zu jeder Zeit und an jedem Ort eintreten und ist weder vorhersagbar noch kausal erklärbar: sie erweist sich als die allgegenwärtige ἀρχή des diskontinuierlichen Universums.

Einen absoluten zeitlichen Anfang kann Epikur damit nicht meinen, sofern es im Universum entstehende und vergehende Kosmoi immer schon gegeben hat und gibt. Er zerlegt den kosmogonischen Prozeß in ein rein theoretisches Nacheinander, das die Anschauung nur zeitlich erfassen kann. Denn »Zeit« ist für ihn eine sekundäre Meßgröße, die untrennbar mit unserer Anschauung (φαντασία) des Tag-Nacht-Rhythmus verknüpft ist. Unsere Anschauung aber orientiert sich an unmittelbar gegebenen Kategorien wie »Vorher« und »Nachher«, »Oben« und »Unten«, »Leicht« und »Schwer«. Die minimale Unbestimmtheit der diskontinuierlichen Atombewegung ist also ein reines Theorem, das nur mit Hilfe einer Modellanalogie anschaulich zu fassen und nachzuvollziehen ist. Sein Entwurf eines diskontinuierlichen Universums läßt sich als Versuch auffassen, die Einsichten Leukipps und Demokrits mit den Anschauungsgewißheiten der aristotelischen Kosmologie zu versöhnen.

Bereits in der Antike hat man ihm einen Verlust an theoretischer Geschlossenheit vorgehalten. Während die alten Atomisten noch beansprucht hätten, die eigengesetzliche Determination (ἀνάγκη) der »Physis« gedanklich zu erfassen, habe er jede Gesetzmäßigkeit durch den unberechenbaren Zufall (τύχη) willkürlich zerstört. Doch man übersah dabei, daß Epikur die Reichweite seiner Physiologia gegenüber allen sinnlich unfaßbaren Vorgängen (ἄδηλα) begrenzt hatte. Wenn jene minimale Unbestimmtheit zu den »allumfassenden und entscheidendsten Gesetzmäßigkeiten« (ὅλα καὶ κυριώτατα) gehört, so bedeutet dies, daß die diskontinuierliche Elementarbewegung zwar prinzipiell unwiderlegbar, aber für den Minimalbereich nicht im einzelnen vorherzusagen ist.

Epikur verzichtet, wie sein Brief »An Pythokles« zeigt, ebenfalls

auf den Anspruch, für alle schwer beobachtbaren Einzelphänomene, zumal die Himmelserscheinungen, abschließende Erklärungen (ἀκριβώματα) zu geben. Statt dessen legt er ergänzungsfähige Hypothesenreihen vor, die alle auf Grund neuer Beobachtungen revidierbar sein sollen. Die hypothetische Geltung einer Erklärung entscheidet sich allein an der Frage, ob man sie zureichend auf umfassende Erklärungsmodelle (τύποι) der Physiologia zurückführen kann oder nicht. Solange keine Wahrnehmung einer theoretisch bestätigungsfähigen Hypothese widerspricht, mag diese nach dem Prinzip der Nicht-Widerlegung (οὐκ ἀντιμαρτύρησις) als zureichende Erklärung gelten. Die Menschen sollen zur Unerschütterlichkeit (ἀταραξία) finden können, ohne auf die endgültige Erklärung jedes Einzelphänomens angewiesen zu sein.

4

Die bisherige Übersicht ließ die Frage offen, worin denn die theoretische Geschlossenheit von Epikurs Philosophie zu suchen sei. Epikur begründet diese theoretische Geschlossenheit in seiner Kanonik (κανών = Richtlot des Handwerkers) durch seine Lehre von den drei Kriterien der Wahrheit: Wahrnehmungen (αἰσθήσεις), Vor-Begriffe (προλήψεις), Empfindungen (πάθη). Unter κριτήριον versteht er jedes sinnliche und geistige Unterscheidungsvermögen und jedes ihm zugeordnete gegenständliche Unterscheidungsmerkmal, auf das man eine Erkenntnis zuverlässig zurückführen (ἀνάγειν) kann.
Es ist aufschlußreich, daß er dabei nicht zwischen der Wahrheit (ἀλήθεια) von Sätzen und der Anschauungsgewißheit (ἐνάργεια) gegebener Phänomene oder Intuitionen unterscheidet. Er fragt nicht zuallererst nach formalen oder materialen Bedingungen für die Geltung wissenschaftlicher Definitionen, Urteile und Schlüsse, sondern hat zunächst die psychische und sprachliche Genese von Erkenntnis und Irrtum im Auge. Seine Fragestellung erinnert darüber hinaus an das Schlußkapitel von Aristote-

les' *Zweiter Analytik*[34]: Wie läßt sich aus dem Erkenntnisvorgang das Verhältnis zwischen Einzelnem und Allgemeinem bestimmen? Von zwei Seiten geht Epikur das Problem an: Welche Erkenntnisleistungen haben sich in der menschlichen Stammesgeschichte entfaltet? Welche forschungsmethodischen Schlußfolgerungen sind daraus zu ziehen?

Als Prototyp des Erkenntnisvorgangs dient die Sinneswahrnehmung, im besonderen das Sehvermögen (ὄψις). Ein Strom atomarer Sichtbilder (εἴδωλα) prägt gleichgestaltige Modelle (τύποι) der Körperwelt in den Gesichtssinn ein. Das Sinnesorgan (αἰσθητήριον) ist aber keineswegs passiver Rezeptor, sondern strukturiert seine Eindrücke (τύποι) durch spontane Zugriffe (ἐπιβολαί). Es bilden sich differenzierte Reizentsprechungen (συμπάθειαι) zwischen besonderen Gegenstandsmerkmalen (ἰδιότητες) und einem besonders darauf gerichteten Unterscheidungsvermögen aus. Der vorstellungsbildende Zugriff (φανταστικὴ ἐπιβολή) vermag sich unabhängig von der jeweils sinnlich gegebenen Erscheinungsvielfalt auf besondere Merkmalskomplexe (ἀθρόα) zu konzentrieren und sie sich als Vorstellungsbilder (φαντάσματα) jederzeit aufs neue zu vergegenwärtigen. Zu Gedächtnis (μνήμη) strukturiert sich eine eigene Vorstellungswelt, die den Zugriffen des Denkens (διάνοια) dauerhaft verfügbar bleibt.

Die zuverlässig wiederholbare Treffsicherheit dieses Vorgangs ist seit Beginn der menschlichen Stammesgeschichte gebunden an die Entwicklung der Sprache.[35] Je nach ihrer geographischen Lage und ethnischen Eigenart haben die Menschen ihre besonderen Empfindungen (πάθη) und besonderen Vorstellungsbilder (φαντάσματα) infolge ihrer Anlage (φύσις) mit besonderen Benennungen (ὀνόματα) verknüpft. Später haben sie zur besseren Verständigung in ihrer Sprachgemeinschaft die naturwüchsig entstandenen, mehrdeutigen Bekundungen durch Übereinkunft (θέσις) knapper und eindeutiger gefaßt. Einsichtige Men-

34 Epikur kannte dieses Werk ebenso wie die *Physik* und die Schrift *Über den Himmel.*

35 Vgl. Brief an Herodot 75.

schen führten dabei für undurchschaute Sachverhalte bestimmte Ausdrücke (φϑόγγοι) ein und legten den anderen ihren Gebrauch nahe. Manche Ausdrücke sprachen die anderen gezwungenermaßen nach, manche eigneten sie sich durch Reflexion (λογισμός) an und erklärten so die Beziehung zwischen Ausdruck und Sachverhalt entsprechend dem wichtigsten Ursachenzusammenhang. Jedem Wort liegt dabei die Intuition eines bestimmten Merkmalkomplexes, der »Vor-Begriff« (πρόληψις), zugrunde. Der sprachliche Bedeutungswandel – äußerlich sichtbar am ständigen Wandel der Benennungen – kommt also dadurch zustande, daß die Menschen immer neue Merkmalzusammenhänge entdecken, sie mit vorgefundenen Wortprägungen verknüpfen und, falls die Sprache keine anbietet, neue Worte bilden. Die zwischenmenschlichen Bekundungen (δηλώσεις) binden aber nicht nur die Vor-Begriffe an deutlich unterscheidbare und wiederholbare Lautfolgen (φωναί), sondern prägen auch in vielfältig wechselnden Situationen wechselnde Meinungen (δόξαι) in sie ein. Insbesondere Abstrakta laufen immer dann Gefahr, Merkmalsbezüge zu verzerren und zu »nichtssagenden Wörtern« (κενοὶ φϑόγγοι) zu werden, wenn sie wegen ihres vieldeutigen Gebrauchs allzusehr von sachfremden Konnotationen, dem »Hinzu-Gemeinten« (προσδοξαζόμενον), überlagert und verdunkelt sind.

Daher sieht sich der Philosoph als Nachfolger der einsichtigen Vorfahren vor die Aufgabe gestellt, die unverfälschte πρόληψις, das »ursprüngliche Gedankenbild« (πρῶτον ἐννόημα) bei jedem Wort wiederzugewinnen und zum Ausgangspunkt seiner weiteren Untersuchungen zu machen. Er hat dabei die intuitiv gewonnene Evidenz (ἐνάργεια) am allgemeinen Sprachgebrauch zu überprüfen und notfalls durch eine semantische Auslegung (ἑρμηνεία) Mehrdeutigkeiten, z. B. Homonymien, auszuschließen. Eine solche Vorklärung ist unentbehrlich für die Erschließung der sinnlich unfaßbaren Sachverhalte (ἄδηλα). Denn die indirekten Schlußverfahren – aus Indizien (σημεῖα) oder Analogien – können eine Vermutung (δόξα) nur deswegen bestätigen, weil keine ihr widersprechende Wahrnehmung nachzuweisen

ist. Die »Nicht-Widerlegung« (οὐκ ἀντιμαρτύρησις) liefert nur mit Hilfe eines Evidenzkriteriums den abschließenden Nachweis (Problem der vollständigen Induktion). So versucht Epikur die Körperlichkeit der Seele dadurch aufzuzeigen, daß er einen willkürlich erweiterten Gebrauch des »Unkörperlichen« begrenzt: »das Unkörperliche« werde, wenn man es entsprechend dem allgemeinen Sprachgebrauch für sich denke, als »das Leere« gedacht.[36] Daher erweisen sich die atomistischen Elementarformeln (στοιχειώματα) – z.B. das All bestehe aus Körpern und Leerem – als die letzten, nicht weiter rückführbaren Wesensbestimmungen.

Ebenso wie die Kanonik und die Physiologia führt Epikur auch seine Ethik und Theologie auf die stammesgeschichtliche Entwicklung der Kriterien zurück. Mit Hilfe der Kriterien-Forschung gewinnt er für alle Disziplinen zuverlässige methodologische Maximen, im Bereich der Ethik und Theologie darüber hinaus auch praktische Verhaltensnormen: der Philosoph soll aus seinen Einsichten in die Gesetzmäßigkeiten der Atom-Komposition »Mensch« Nutzen für die theoretisch-praktische Unterweisung anderer und seine eigene Lebensführung ziehen.

Ausgangspunkt ist die Frage nach dem Ziel (τέλος), nach dem die Menschen schon immer wegen der Eigenart ihrer leib-seelischen Verfassung (φύσις) gestrebt haben.[37] Bereits die elementaren Reaktionen der Kinder und Tiere, die spontane Wahl (αἵρησις) der Lust (ἡδονή) und die Flucht (φυγή) vor dem Schmerz (ἀλγηδών), lassen darauf schließen, daß sich alle menschlichen Impulse, Affekte (πάθη) und Triebe (ἐπιθυμίαι) an der Lust orientieren. Doch erst eine Betrachtung des stammesgeschichtlichen Urzustandes erlaubt es, die Kriterien des menschlichen Handelns im einzelnen zu unterscheiden. Das Leben der Urmenschen war von zahlreichen Entbehrungen, von wirklichen und eingebildeten Gefahren bestimmt. Hunger, Durst und Kälte vermochten sie notfalls noch allein zu bewältigen, gegen die Angst voreinander und vor wilden Tieren gab es aber nur ein

36 Brief an Herodot 67.
37 RS VII.

Mittel: den Zusammenschluß. Die ursprünglichen Trieb- und Notgemeinschaften ließen sich zu höheren Formen des Zusammenlebens – Ehe, Freundschaft, staatliche Gemeinschaft – weiterentwickeln, die über die bloße Existenzsicherung (ἀσφάλεια) hinaus die Befriedigung kultivierter Bedürfnisse gewährten. Doch waren damit die elementaren Ängste vor wirklichem oder erwartetem Leid, vor Tod und Jenseits, vor unerklärlichen Naturphänomenen keineswegs gebannt.

Aus dieser Betrachtung ist bereits zu entnehmen, daß »Lust« einen objektiven Zustand bezeichnet: die dauerhafte körperliche und seelische Unversehrtheit ist das stammesgeschichtlich vorgezeichnete Ziel des menschlichen Handelns. Weil Epikur in diesem Ziel das »Wesen des Guten« (φύσις τοῦ ἀγαθοῦ)[38] erblickt, kann er daraus theoretische und praktische Kriterien ableiten. Folgerichtig hält er die Klassifikationsmerkmale »körperlich« und »seelisch« für weniger ausschlaggebend als die Unterscheidung zwischen einer psychosomatischen Grundbefindlichkeit und vorübergehenden Stimmungen der Atom-Komposition »Mensch«: »Unerschütterlichkeit (ἀταραξία) und Schmerzfreiheit (ἀπονία) sind Lustzustände (καταστηματικαὶ ἡδοναί); Freude (χαρά) und Frohsinn (εὐφροσύνη) nimmt man unmittelbar einleuchtend in Bewegung (κίνησις) wahr.«[39] Die ungetrübte Grundstimmung ist nur dann zu erreichen, wenn das Mängelwesen Mensch elementare Entbehrungen – »Nicht hungern, nicht dürsten, nicht frieren!«[40] – und Bedrohungen auf Dauer zu überwinden vermag. Dazu verhilft den Menschen zunächst die Solidarität des Nutzens (χρεία). Sie sehen die πρόληψις »Recht« (δίκαιον) verbindlich realisiert in der vertraglichen Regelung, einander weder zu schädigen noch schädigen zu lassen.[41] Die Kalkulation (λογισμός) von Lust und Unlust verhindert schon von sich aus den Zerfall der Solidarität, weil existenzgefährdende Verstöße im eigenen Interesse streng geahndet wer-

38 fr. 423 Us.
39 fr. 2 Us.
40 SV 33.
41 RS XXXI.

den müssen. Sollte die Gemeinschaft dennoch ihre Solidarität einschränken, so bietet die Freundschaft dem Einzelnen die Basis für seine Unabhängigkeit (αὐτάρκεια). So weit reichen die ethischen Minimalbedingungen der Störungsfreiheit (ἀοχλησία).

Die innere Stille (γαλήνη) selbst zu gewinnen ist eine weit schwerere Aufgabe: die Seele beunruhigt nicht nur der Augenblick, sondern auch Vergangenes und Zukünftiges.[42] Sie sucht die kinetischen Lustempfindungen des Körpers, die »glatten und streichelnden Erregungen«[43] zu verlängern und zu steigern. Epikur bekennt: »Ich weiß nicht, was ich mir unter dem ›Guten‹ denken soll, nehme ich die Lust der Suppen, nehme ich die Lust der Liebe, nehme ich die Lust des Hörens, nehme ich schließlich die angenehmen Erregungen beim Anblick einer Gestalt fort.«[44] Die kinetischen Affekte (πάθη) entstammen zwar natürlichen Triebansprüchen, heften sich aber zusätzlich an leidenschaftliche Illusionen (ἐλπίδες), die zur Quelle von Enttäuschungen werden. Selbst geistige Lustmomente kann die Seele nicht dauerhaft festhalten. So gerät sie in einen Kreislauf: lustvolle Erwartungsspannungen erfüllen sich nur unzureichend; die Enttäuschungen wecken wieder neue, ebenso gefährdete Sehnsüchte. Dieser Aufruhr (ταραχή) erweist sich als seelischer Schmerz. Da es jedoch keinen neutralen Zustand zwischen Lust und Schmerz gibt, läßt sich die ungetrübte Grundstimmung nur momentan variieren, aber nicht objektiv erhöhen.[45] Allein eine nüchterne Kalkulation (λογισμός) der aufzuwiegenden Lust- und Unlustquanten versetzt den Menschen in die Lage, das Pendeln kinetischer Lustvariationen (ποικίλματα) zwischen Lustgefühl und Abspannung, Erfüllung und Versagung richtig abzuschätzen. Ein anfälliges Äquilibrium verfeinerter Stimmungen kennzeichnet den entwickelten Zivilisationsmenschen: sein durchaus er-

42 fr. 452 Us.
43 fr. 411 Us.
44 fr. 67 Us.
45 RS III.

strebenswertes Ideal ist die Fülle (πολυτέλεια) kultivierten Lebensgenusses.
Ihre eigentliche Bewährungsprobe hat die Philosophie an den Grenzen der menschlichen Existenz zu bestehen, dem unheilbaren Schmerz und dem Tod. Wo die Medizin versagt, hilft dem Menschen allein eine rationale Bewältigung der eigenen Vergänglichkeit. Der unheilbare Schmerz erreicht seine Höhepunkte nur während kurzer Zeitspannen, in denen, wenn sie nicht in eine Erholungsphase übergehen, entweder vorläufig oder endgültig das Bewußtsein aussetzt: der Tod ist die »Vernichtung der Empfindung«.[46] Indem der Betroffene den empfindungsfreien Moment seiner Selbstauflösung vergegenwärtigt, sieht er das Ende seiner Qualen vor sich.[47]
In der Schmerzempfindung erfährt er seine Endlichkeit. Jede überhöhende Deutung dieses Vorgangs führt in die Irre: »Der Gott will entweder die Übel abschaffen und kann es nicht, oder er kann und will es nicht, oder er will es nicht und kann nicht, oder er will und kann. Wenn er will und nicht kann, ist er schwach, was auf Gott nicht zutrifft. Wenn er kann und nicht will, ist er neidisch, was dem Gott gleichermaßen fremd ist. Wenn er weder will noch kann, ist er neidisch und schwach, also auch kein Gott. Wenn er will und kann – was allein dem Gotte zukommt –, woher stammen dann die Übel? Oder warum schafft er sie nicht ab?«[48] Endet also jeder Aufblick zum Göttlichen im Zweifel oder in der Anklage?
Die Theologie gewinnt ihre Kriterien durch einen Blick in die stammesgeschichtliche Entwicklung der Gotteserfahrung. Die πρόληψις des Gottes entstammt einem beständigen Zustrom von Sichtbildern (εἴδωλα), die so fein sind, daß sie zumal im Schlaf durch die erweiterten Körperporen in die aufnahmebereite Seele eindringen und dort ihren Eindruck hinterlassen. Der Urmensch war aber solchen Bedrohungen ausgesetzt, daß er seine Ängste und Erwartungen in die Götterbilder projizierte

46 Brief an Menoikeus 124.
47 RS II, IV.
48 fr. 374 Us.

und sich eine mythische Welt dämonischer Mächte erschuf. Den Schauder vor unerklärten Naturphänomenen wie Donner und Blitz und die Angst vor Strafe in Diesseits und Jenseits suchte er durch Magie und Kult zu bannen. Die leichtlebenden Götter der olympischen Religion verkörpern bereits eine entwickeltere Stufe der Einsicht in die göttliche Erhabenheit (σέμνωμα). Doch erst die Philosophie vermag mythische Vorstellungen – die Geschichten von Liebessehnsucht, Zorn und Neid aufeinander und auf die Sterblichen – abzutrennen und den unverfälschten Ursprung der anthropomorphen πρόληψις zu erfassen. Der stetige Zustrom von Sichtbildern läßt darauf schließen, daß die Götter menschengestaltige Atomkompositionen sind, deren Materieverlust beständig ausgeglichen werden muß. Auch sie unterliegen dem universalen Gesetz der »Gleichverteilung« (ἰσονομία): im ewigen Universum sind die möglichen Atomkompositionen dadurch verwirklicht, daß die unzähligen Atome sich auf die unzähligen Exemplare der endlich zahlreichen Gestaltungsformen gleichmäßig verteilen. Es existieren also von jedem Gott unendlich viele Exemplare. Ihre Unvergänglichkeit (ἀφθαρσία) bewahren sie deswegen, weil sie die Kraft haben, den ständigen Materieabfluß auszugleichen, aus den zuströmenden Partikeln die zerstörerischen auszusondern und die erhaltenden zu assimilieren. Vollkommene Autarkie aber bedeutet höchste Seligkeit (μακαριότης). Die Götter leben unbehelligt von kosmischen und menschlichen Geschicken, aber auch ohne in sie einzugreifen, in den Zwischenräumen (μετακόσμια) der Kosmoi: herrliche Gestalten in seligem Gespräch miteinander.

Im Gotte erblickt der Weise die stammesgeschichtlich vorgezeichnete Präfiguration seines ethisch reifen Lebensideals. Er betet ihn nicht aus trüben Motiven an: »Wenn Gott den Gebeten der Menschen folgte, gingen alle Menschen ziemlich rasch zugrunde, weil sie beständig viel Schlimmes gegeneinander erbitten.«[49] Er betet auch nicht so, als ob die Götter seiner bedürften, wie es der traditionelle Opferritus nahelegt, sondern verehrt

49 fr. 388 Us.

sie allein aus dem Bewußtsein ihres an Macht und Würde überlegenen Wesens.[50] Frömmigkeit (εὐσέβεια) ist eine angstfreie und abgeklärte Ehrfurchtshaltung. In ihr vollzieht er die sinnfällige Verehrung der Götter beim kultischen Fest dadurch mit, daß er sich das reine Gottesbild vor seinem inneren Auge freudig vergegenwärtigt. Während der ungestörten Kontemplation (θεωρία) gleicht er sein Inneres dem wesensverwandten Gegenüber an und erreicht den Gipfel der Lust: die Verähnlichung mit Gott (ὁμοίωσις θεῷ).[51]

5

Schon früh schloß Epikur seine Freunde zu einer charismatischen Gemeinschaft zusammen, die sich eine krypto-religiöse Form der Selbstdarstellung schuf. Sie erlebte ihr Charisma bei den regelmäßig veranstalteten Kultmählern in jener Feststimmung, die man noch in der schwerfälligen Schilderung eines Späteren wiedererkennen kann: »Man soll es bei Begehung der Feste nicht den mit seelischen Ängsten Belasteten gleichtun, sondern, indem man die Gestalten der vollkommenen und glückseligsten Wesen [der Götter] vor Augen hat, sie [die Götter] zu einem Mahl von gelöster Heiterkeit laden sowie die Hausgenossen alle und auch von den Außenstehenden niemanden übergehen, soweit sie ihm [dem einladenden Schulhaupt] und seinen Freunden mit Wohlwollen begegnen; tun wir das, so werden wir nicht leere und der wahren Naturphilosophie zuwiderlaufende Popularitätshascherei treiben, sondern tätig im Sinne der der Natur eigenen Güter uns aller derer entsinnen, die uns Wohlwollen entgegenbringen, damit sie mit uns zusammen die kultischen Bräuche so begehen, wie sie den zur Gewinnung der eigenen Glückseligkeit sich gemeinsam der Philosophie Widmenden geziemend ist.«[52]

50 fr. 13 Us.

51 Die Bezüge der epikureischen Theologie zu Platon und Aristoteles arbeitete W. Schmid heraus: Götter und Menschen in der Theologie Epikurs, in: *Rheinisches Museum* 94 (1951) S. 97–156.

52 Übers. der Philodem-Passage von Schmid, RAC, Sp. 748.

Zwar waren wie der Kepos auch die Akademie und das Lykeion offiziell Kultvereine (θίασοι) der Musen, aber erst Epikur erfüllte die traditionellen Kultfeste mit einer neuartigen religiösen Weihe. Testamentarisch verfügte er nicht nur Totenopfer für seine Verwandten und die Feier seines Geburtstags, sondern sogar regelmäßige Gedächtnisfeiern für sich und Metrodoros, seine Brüder und Polyainos. Das am 20. Tag jeden Monats begangene Eikaden-Fest, ein Freundschaftsmahl der gemeinsam Philosophierenden, wurde damit nach dem Tode Epikurs zur Gedächtnisfeier des Schulgründers. Die erste Schülergeneration sah den Stifter als einen dem Irdischen entrückten Heilsverkünder, in dessen kosmische Visionen einzutauchen bedeutete, sich sozusagen »gelöst zu haben aus dem erdgebundenen Leben zu den das Göttliche wahrhaft offenbarenden Mysterien Epikurs«.[53] Ihre die Jahrhunderte überdauernde Anziehungskraft schöpfte Epikurs Lehre nicht zum wenigsten aus der Persönlichkeit ihres Begründers. Sein religiös gestimmtes Sendungsbewußtsein – »Retter« (σωτήρ) hießen ihn noch die Späteren – überhöhte den nüchternen Atomismus und die pragmatische Lebenslehre und traf auf ein ungestilltes Bedürfnis nach seelischem Halt unter seinen Adepten.

Aus der übermächtigen Autorität des Stifters und der frühen Schulhäupter Metrodoros, Hermarchos und Polystratos, gegen die zu argumentieren geistigen Vatermord[54] bedeutet hätte, erklärt sich die beharrende Tendenz der epikureischen Lehre im Lauf der Jahrhunderte. Man durfte ihre Substanz im Kampf mit den konkurrierenden Philosophenschulen verfeinern und erweitern, aber nicht grundlegend umgestalten. Die überlieferten Schriftentitel und Fragmente der ersten Schulhäupter, denen als angesehene und unmittelbare Schüler Epikurs noch der Mathematiker Polyainos und Kolotes gleichrangig beizugesellen sind, tragen überwiegend polemischen Charakter und richten sich zumeist gegen frühere oder zeitgenössische Philosophen: Empedokles, Demokrit, Platon, Aristoteles und die Kyniker. Als um-

53 Die Hermarchos-Stelle bei Schmid, RAC, Sp. 753.
54 fr. 49 Us.

fangreichere Bruchstücke sind von Hermarchos eine stammesgeschichtlich orientierte Abhandlung über Genese und Geltung des Rechts aus den *Briefessays über Empedokles,* von Polystratos fragmentarische Überlegungen zur Konventionalität sittlicher Normen aus einer Schrift *Über die unvernünftige Verachtung der Volksmeinung* überliefert.

Im 2. Jahrhundert v. Chr. sammelte und edierte Philonides von Laodikaia ihren und Metrodors Briefwechsel mit Epikur zur Unterweisung der Jugend. Diese Sammlung lieferte nicht nur das Material für Florilegien exzerpierter Lebensweisheiten, sondern inspirierte auch die spätere hagiographische Stilisierung der Gründergestalten zu Verkörperungen des epikureischen Lebensideals. Mit Zenon von Sidon, den Cicero während seiner philosophischen Studien in Athen hörte, begann die entscheidende Epoche für die Wirkung des Kepos auf die kulturelle Elite Roms, die sich für die Botschaft der Stoa schon früher aufgeschlossen zeigte. Diesen Vorgang angemessen wiederzugeben oder gar zu deuten übersteigt den hier gesteckten Rahmen einer innerepikureischen Schulgeschichte. Zu interpretieren wäre nicht nur die Umschmelzung des ursprünglichen Lehrgehalts und der griechischen Schulterminologie in die philosophischen Schriften Ciceros und die sechs Bücher des von Lukrez verfaßten Lehrgedichts *De rerum natura* – die lateinische Titelfassung von Epikurs Haupttitel *Über die Allgesetzlichkeit* (περὶ φύσεως) –, sondern mehr noch die politischen, geistigen und religiösen Rezeptionsbedingungen der Bürgerkriegsepoche und des frühen Prinzipats. Denn nur dann ließen sich so gegensätzliche Gestalten wie Ciceros Freund Atticus und der Cäsarmörder Cassius, die inneren Spannungen im Werk des Lukrez zwischen dem Kampf gegen eigene und fremde Furcht vor der *religio* und der Sehnsucht nach der reinen *pietas* des Stifters sowie die zumindest offizielle Durchsetzung der ethisch rigoroseren Stoa unter führenden Männern der Kaiserzeit in ihren Motiven verstehen. Statt dessen seien abschließend drei Zeugen des Epikureismus vorgestellt, die nicht als schöpferische Neuerer, sondern als Popularisatoren gewirkt haben. Ihre Werke sind durch

glückliche Umstände mehr oder minder umfangreich erhalten und stellen neben einigen anonymen Bruchstücken die einzigen Originaldokumente epikureischer Philosophie nach Zenon von Sidon dar.

Den 1752 bis 1754 durchgeführten Grabungen im verkrusteten Lavaschlamm von Herculaneum verdanken wir es, daß umfangreiche Reste der Privatbibliothek von Zenons Schüler Philodem v. Gadara (etwa 110–40 v. Chr.) aus der Villa seines Patrons, Cäsars Schwiegervater L. Calpurnius Piso Caesoninus, geborgen werden konnten. Die stark verkohlten Rollen enthalten außer dem Hauptfund, Epikurs Werk *Über die Allgesetzlichkeit*, und einigen anonymen Bruchstücken zu etwa zwei Dritteln Passagen aus Philodems umfangreicher literarischer Hinterlassenschaft. Ein Werk – *Über Zeichen und Zeichenschlüsse* – bietet die jungepikureische Weiterentwicklung und Systematisierung der induktiven Schlußverfahren, die den erkenntnistheoretischen Debatten mit der jüngeren Akademie und der Stoa entstammen. Die ästhetische Schrift *Über die Dichtkunst* ist deswegen wichtig, weil sie Einblicke in die Diskussionen des neapolitanischen Epikureerkreises gewährt, zu dem der junge Vergil gehörte und der Horazens *Ars poetica* beeinflußt hat. Philodem vertritt darin gegenüber allen ethischen Nützlichkeitspostulaten die wirkungsästhetische Position einer eigenständigen Formkunst, die auf spezifische Lustwirkungen angelegt ist. Während seine ethischen Traktate – z. B. *Über den Tod, Über den Zorn* – lediglich bekannte Theoreme ausgestalten und popularisieren, sind seine Abhandlungen *Über die Frömmigkeit* und *Über die Götter* unentbehrlich für die Rekonstruktion wichtiger theologischer Lehrstücke. Ohne seine biographischen Schriften – z. B. über Epikur – und seine Darstellung der seelsorgerischen Praxis, *Von der offenen Redeweise*, wären die Lebensform und die innere Organisation des frühen Kepos nur noch schwer faßbar.

Von diesen breit ausgesponnenen und gelehrten Zeugnissen einer kaum erschütterten Schulphilosophie hebt sich die in werbendem Ton gehaltene Monumentalinschrift ab, die Diogenes aus der kleinasiatischen Provinzstadt Oinoanda am Ende des

2. Jahrhunderts n. Chr. in steinerne Spruchbänder einer Säulenhalle meißeln ließ. Auch der stoische Philosoph auf dem Kaiserthron, Marc Aurel (121–180 n. Chr.), erkannte die Tendenz seiner Zeit zu Wundergläubigkeit und Mystizismus, als er den Epikureern einen dotierten Lehrstuhl in Athen einrichtete und somit ohne kleinliches Konkurrenzdenken die rationale Grundposition der alten Philosophie zu stärken versuchte. Das Vermächtnis des todkranken Diogenes, der sich aus Philanthropie zum stoischen Weltbürgertum bekannte, war getragen vom Jammer über die orientierungslosen Spekulationen der Menschen. Daher legte er den Einwohnern und den Fremden eine Summe epikureischer Naturphilosophie und Ethik, originale Sprüche des Meisters und jenen Brief an die Mutter vor, der heute zumeist als authentisches Dokument des jungen Epikur gilt.

Ebenfalls um die Jahrhundertwende – als die von äußeren Bedrohungen und inneren Krisen erschütterte griechisch-römische Mittelmeerkultur immer sehnsüchtiger die Erlösungsverheißungen der Mysterienreligionen aufgriff, ehe zwei Jahrhunderte danach ihr siegreicher Konkurrent und Erbe, das Christentum, alle Erlösungsbedürftigen an sich gezogen und viele philosophische Strömungen so mit sich verschmolzen hatte, daß die alten Schulen abstarben – sammelte ein Namensvetter, Diogenes Laertios, noch einmal die Überlieferung von *Leben und Meinungen der großen Philosophen.* Im 10. Buch, das sein Werk krönte, hat er in eine Biographie seines verehrten Meisters die drei großen Lehrbriefe an Herodot, an Pythokles und an Menoikeus sowie die Sammlung »Entscheidende Lehrsätze« eingefügt und dadurch für die folgenden Jahrtausende gerettet.

Inhalt

Griechische Literatur

IN RECLAMS UNIVERSAL-BIBLIOTHEK

Aischylos, Der gefesselte Prometheus. 988 – Orestie I: Agamemnon. 1059 – II: Die Totenspende. 1063 – III: Die Eumeniden. 1097 – Die Perser. 1008 – Die Schutzsuchenden. 1038 – Sieben gegen Theben. 1025

Aristophanes, Die Frösche. 1154 [2] – Lysistrate. 6890 – Die Vögel. 1379 [2] – Die Wolken. 6498 [2]

Aristoteles, Metaphysik. 7913 [6] – Nikomachische Ethik. 8586 [5] – Poetik. Zweispr. 7828 [2] – Der Staat der Athener. 3010

Demosthenes, Rede über den Kranz. 914 [2]

Epiktet, Handbüchlein der Ethik. 2001

Epikur, Briefe · Sprüche · Werkfragmente. Zweispr. 9984 [2]

Euripides, Alkestis. Zweispr. 1337 [2] – Die Bakchen. 940 – Hippolytos. 8601 – Ion. Zweispr. 3579 [2] – Iphigenie bei den Taurern. 737 – Iphigenie in Aulis. 7099 – Medea. 849 – Medea. Zweispr. 7978 [2]

Griechische Lyrik in deutschen Übertragungen. 1921 [3]

Griechische Satyrspiele von Euripides, Sophokles und Aischylos. 8387

Heliodor, Die äthiopischen Abenteuer von Theagenes und Charikleia. 9384 [5]

Herodot, Die Bücher der Geschichte. 1.–4. Buch. Auswahl. 2200 [2] – 5.–6. Buch. Auswahl. 2204 – 7.–9. Buch. Auswahl. 2206 [2]

Herondas, Mimiamben. 8569

Homer, Ilias. 249 [5] – Odyssee. 280 [4]

Longos, Daphnis und Chloe. 6911 [2]

Lukian, Gespräche der Götter und Meergötter, der Toten und der Hetären. 1133 [3]

Menander, Samia. Zweispr. 9993 [2] – Das Schiedsgericht. 8676

Parmenides, Über das Sein. Zweispr. 7739 [3]

Platon, Apologie und Kriton. 895 – Charmides. Zweispr. 9861 [2] – Euthyphron. Zweispr. 9897 – Das Gastmahl oder Von der Liebe. 927 [2] – Gorgias oder Über die Beredsamkeit. 2046 [2] – Laches. Zweispr. 1785 [2] – Phaidon oder Von der Unsterblichkeit der Seele. 918 [2] – Phaidros oder Vom Schönen. 5789 [2] – Der siebente Brief. 8892 – Der Staat. 8205 [8] – Theätet. Zweispr. 6338 [3].

Plotin, Ausgewählte Schriften. 9479 [4]

Plutarch, Alexander. Caesar. 2495 [3] – Perikles. Fabius Maximus. 2323 [2]

Polybios, Historien. 6210 [2]

Sophokles, Antigone. 659 – Antigone. Zweispr. 7682 [2] – Elektra. 711 – König Oidipus. 630 – Oidipus auf Kolonos. 641 – Philoktet. 709

Theophrast, Charaktere. Zweispr. 619 [2]

Thukydides, Der Peloponnesische Krieg. 1807 [5]

Die Vorsokratiker I (Milesier, Pythagoreer, Xenophanes, Heraklit, Parmenides). Zweispr. 7965 [4]

Xenophon, Anabasis. 1184 [3] – Erinnerungen an Sokrates. 1855 [2]

Philipp Reclam jun. Stuttgart